COTE D'IVOIRE

MINISTÈRE DES AFFAIRES ÉTRANGÈRES

COTE D'IVOIRE

MISSION
HUGUES LE ROUX

PARIS
IMPRIMERIE JEAN CUSSAC
40 — RUE DE REUILLY — 40
—
1918

COTE D'IVOIRE

VUE D'ENSEMBLE

La Côte d'Ivoire affecte la forme d'un rectangle dont les quatre côtés sont dessinés en lignes capricieuses.

La hauteur moyenne de ce rectangle est de 580 kilomètres ; sa largeur moyenne de 550 kilomètres.

Le massif qui forme ici la ligne de partage des eaux borde la partie la plus septentrionale de la colonie. Il s'étend sur une largeur qui occupe environ un tiers de la superficie totale. Ce sont des plateaux oscillant entre 400 et 800 mètres. Deux îlots montent à 1.200.

Une des pentes de ce toit incline du côté du nord : d'où l'envoi au Niger de quelques affluents. Le versant le plus largement développé jette à la mer un nombre considérable de cours d'eau. Ils roulent à peu près parallèles, généralement orientés nord-sud.

Ces cours d'eau, — à l'extrême ouest du rectangle, — laissent sur leur droite deux contreforts (1.600 mètres d'altitude). Ils irriguent la zone médiane du rectangle dont la côte oscille entre 100 et 400 mètres ; et puis la zone côtière qui, de 100 mètres, descend au niveau de la mer.

L'ensemble du territoire est constitué par de la latérite aisément désagrégée par l'action des eaux. De ce chef, les trois zones d'altitude ci-dessus classées ne présentent point, comme ailleurs, le caractère de marches presque horizontales. Il y a constante pénétration, emboîtement d'une zone dans l'autre, et cette disposition impose à la carte un aspect déchiqueté.

Ces découpures sont l'œuvre de l'érosion des eaux. En descendant les pentes, elles ont approfondi les vallées, et laissé subsister les témoins que leur action ne pouvait entamer.

Les côtes de la colonie atteignent environ 550 kilomètres de développement. Elles décrivent, d'une façon générale, un arc de cercle largement ouvert. La mer est séparée de la forêt dans la partie occidentale par une plage couverte de buissons rabougris ; dans la partie orientale, par un cordon littoral déterminant l'existence d'un chapelet de lagunes. La côte ne présente d'autres anfractuosités que les embouchures des fleuves.

Le climat est uniforme sur la côte (21 à 30°) ; les écarts quotidiens y sont faibles. Ils s'accentuent graduellement à mesure que l'on monte vers le nord.

Les conditions sanitaires diffèrent suivant qu'il s'agit de la zone forestière ou de la zone des savanes. Dans la première l'on trouve toutes les maladies inhérentes aux régions équatoriales. Le climat du nord est relativement plus sain.

Le régime hydrographique des rivières est sensiblement le même pour toutes. Les sources perpétuelles étant rares, les rivières, pendant la saison sèche, ont leur lit presque à sec, notamment dans leur cours supérieur. Au contraire, dès que vient la saison des pluies, elles se transforment en torrents impétueux, inondant leurs berges.

Les lagunes côtières jouent un rôle important dans l'économie de la colonie.

Au point de vue de la flore, la Côte d'Ivoire doit être divisée en deux zones : une zone guinéenne, et une zone soudano-nigérienne. Dans la zone guinéenne, la végétation est plus exubérante que dans la seconde.

Les plantes vivrières consistent surtout en riz de montagne, banane, manioc, igname, maïs, mil, fonio, canne à sucre, patate, ananas, etc. Les plantes oléagineuses sont représentées par l'arachide, le sésame, le karité, le palmier à huile, le ricin. Les plantes textiles par le coton, le jute, le kapok. Le caféier, le cacaoyer, le kolatier, le poivrier, les arbres fruitiers, le tabac, l'indigo sont abondants. Les essences forestières les plus nombreuses sont l'acajou, le rônier, le baobab, le caoutchouc, l'acacia, le palétuvier.

Les animaux domestiques que l'on rencontre le plus fréquemment sont : les bovidés (en nombre), les moutons (qui s'acclimatent avec difficulté), d'assez nombreux troupeaux de chèvres et quelques chevaux.

Les animaux sauvages à noter sont : l'éléphant, le lion, le léopard ou panthère, et d'autres félins ; l'hyène, le chacal, les antilopes, les singes, le buffle, l'élan de Derby, l'hippopotame, les serpents et les caïmans. Les oiseaux d'eau et de proie sont très nombreux.

Le sous-sol est encore imparfaitement connu. L'on a trouvé toutefois du fer et de l'or.

La densité de la population est très inégale. L'indigène habite de préférence les éminences et les plateaux. Les uns habitent les plateaux intérieurs, les autres la région côtière : tous évitent la forêt.

Les voies intérieures de communication consistent en pistes et routes plus ou moins aménagées.

Les rivières ne sont navigables que sur une faible partie de leur cours. Dans les lagunes seulement la navigation est active. Des services réguliers y sont établis.

Un chemin de fer, long de 316 kilomètres, unit Abidjan à Bouaké.

La colonie est desservie par 38 bureaux de postes et télégraphes. Bingerville et Grand-Bassam, reliés par un câble, sont pourvus d'un réseau téléphonique. En outre, une station de télégraphie sans fil a été ouverte à Tabou.

Les ports les plus importants sont : Grand-Bassam, Lahou et Assinie. Plusieurs lignes de navigation relient la colonie à l'Europe. Le câble Dakar-Brest est prolongé jusqu'à Grand-Bassam. Il relie directement la colonie avec la Métropole.

Les méthodes de culture sont des plus primitives. Elles visent à suffire strictement aux besoins de la consommation locale.

Le commerce de la colonie est en période de croissance et de réorganisation. A l'exportation, il porte sur le caoutchouc, l'huile de palme, le kapok, le coprah, le café. A l'importation, sur les produits fabriqués, les produits alimentaires, les cotonnades et les spiritueux. Le commerce extérieur pour 1916 s'est élevé à 22.500.000 francs, dont 11.500.000 pour les importations et 11.000.000 pour les exportations.

La Banque de l'Afrique Occidentale a une succursale à Grand-Bassam. Elle émet des séries de billets de banque de 5 à 1.000 francs. Les monnaies divisionnaires d'argent et des monnaies anglaises servent aussi aux transactions.

La religion dominante est le fétichisme ou animisme, qui englobe la presque totalité de la population. On recense néanmoins 90.000 Musulmans.

Les premiers comptoirs européens établis sur la Côte d'Ivoire ont été fondés par des marins normands vers 1380. Le contact, perdu peu après, est repris par les Français en 1701. L'existence de la colonie actuelle remonte à 1842, au traité passé par l'amiral Bouet-Willaumez avec les souverains indigènes. Des comptoirs sont fondés en 1850 à Grand-Bassam et Assinie. Evacués en 1871, ils sont réoccupés effectivement en 1878. De cette date à nos jours, une œuvre de pacification s'accomplit. Il a fallu soumettre les tribus une à une. Différents traités ont sanctionné les délimitations de frontières avec la Gold Coast et la Libéria.

La colonie a pour chef-lieu Bingerville où réside un Lieutenant-Général représentant le Gouverneur général de l'Afrique Occidentale Française.

Le budget général de la colonie s'équilibre comme suit (1915) :

Recettes	5.600.000 francs
Dépenses	7.400.000 —

La Côte d'Ivoire est à la fois une très vieille et une très jeune colonie française. Vieille, car dès le quatorzième siècle, les navigateurs normands s'étaient aventurés sur ses côtes ; jeune, car la soumission effective de la majeure partie de la colonie ne s'est opérée que de 1908 à 1915. Elle est très riche et très pauvre. Riche, par son incomparable végétation forestière et sa terre grasse, bien arrosée ; pauvre, par sa population sauvage, arriérée, dans la partie forestière, décimée par les bandes de Samory qui, dans la partie savane, avaient fait presque un désert.

La guerre européenne a lourdement affecté son commerce. Elle se relève à peine d'une crise grave, mais déjà elle reprend vie. L'établissement du port qu'elle réclame apparaît comme certain. Il servira d'exutoire à une partie appréciable et des plus riches du continent africain.

CHRONOLOGIE

XVIIe siècle .. Etablissement des Mandès-Dioulas à Bondoukou et à Kong.

XVIIIe siècle.. Fondation de l'Empire de Coomassie.

1380-1388. . . Fondation des premiers comptoirs européens sur la côte, par des marins normands.

1701. . . . . Fondation par les Français d'un fort à Assinie.

1842. . . . . Etablissement de la souveraineté de la France sur la région d'Assinie et sur celle de Grand-Bassam.

1850. . . . . Création de comptoirs à Assinie et à Grand-Bassam.

1871. . . . . Evacuation des comptoirs.

1878. . . . . Nomination de M. Verdier comme représentant de la France.

1882-1888. . . Mission Treich-Laplène.

1889-1892. . . Missions Arago, Ménard, Quiquerez et Marchand.

1892. . . . . Reconnaissance de la frontière franco-anglaise.

1893. . . . . Organisation de la Côte d'Ivoire. Prise de Guanankala.

1897. . . . . Occupation de Bondoukou et de Bouna.

1898. . . . . Capture de Samory.

1899. . . . . La région de Kong est rattachée à la Côte d'Ivoire.

1901-1903. . . Mission de délimitation entre la Côte d'Ivoire et la Gold Coast.

1909-1914. . . Pacification et organisation de la Côte d'Ivoire.

GÉOGRAPHIE

La configuration de la Côte d'Ivoire se rapproche sensiblement d'un quadrilatère régulier ayant pour limites : au sud, le 5° de latitude; au nord le 10°. A l'orient, le 5° de longitude ouest de Paris; à l'occident, le 10°.

Au sud, la colonie est baignée par l'Atlantique; à l'ouest, elle est bornée par la Libéria et la Haute-Guinée; au nord, par le Haut-Sénégal-Niger; à l'est, par la colonie anglaise de la Gold Coast.

La superficie de la Côte d'Ivoire est d'environ 315.000 kilomètres carrés, sa population d'environ 1.530.000 indigènes.

Par comparaison avec :

La France.	537.000 km2	39.000.000	habitants
L'Angleterre . . .	314.000 km2	45.000.000	—
Côte d'Ivoire . . .	315.000 km2	1.530.000	—

Soit, pour une superficie sensiblement égale à celle de l'Angleterre, une population près de 30 fois moindre ; pour une superficie se rapprochant des deux tiers du sol de la France, une population environ 24 fois inférieure.

Relief du Sol

La caractéristique principale de l'orographie de la Côte d'Ivoire consiste dans l'absence presque totale des reliefs brusques. Depuis le rivage de la mer jusqu'aux plateaux nigériens, le sol s'élève lentement.

Le long du littoral, le terrain monte graduellement par étages qui forment une succession de plis et de collines parallèles à la côte. Leurs hauteurs sont médiocres, (100 mètres environ).

Plus on avance vers l'intérieur, plus les reliefs s'accentuent, plus aussi les thalwegs des rivières et les vallées se creusent. Dans la région centrale, notamment dans le Baoulé, le sol se présente sous l'aspect de plateaux assez vastes, coupés par des vallées.

Le nord-est de la colonie est traversé normalement au méridien par une chaîne de collines. Elles séparent le bassin de la Comoë du bassin de la Volta. Elles ne dominent guère leurs alentours que de 200 à 250 mètres, soit environ 400 à 450 mètres d'altitude absolue.

Ce sont les restes d'une ancienne chaîne de montagnes, presque complètement rasée, qui se prolongeait depuis la Côte d'Ivoire à travers le Mossi jusqu'au Liptako. Il en reste d'autres témoins, tels que la chaîne de Gorowy, formée d'ondulations, d'où surgissent, de temps à autre, des Dômes. Ils ne dépassent pas 550 mètres d'altitude. A la limite du Haut-Sénégal-Niger, le Pic des Comonos atteint seulement 468 mètres.

La partie nord-ouest de la colonie est la plus tourmentée ; ce système orographique n'a encore été étudié que dans ses grandes lignes. C'est le mont Nimba, et, au nord-est de ce mont, la chaîne de Guanankala, la chaîne des Dans. Ces reliefs forment la ligne de partage des eaux des bassins côtiers du Cavally, du Sassandra, etc., et des sources du Bani, le grand affluent du Niger.

Le mont Nimba est vraisemblablement la plus haute chaîne de l'Afrique Occidentale Française. Il naît à l'est, près du N'Zô sous l'aspect d'une haute falaise. Il se continue vers l'ouest sur une longueur d'une cinquantaine de kilomètres avec des sommets variant de 1.000 à 1.600 mètres. Son point culminant atteint 1.644 mètres. On peut le définir un haut plateau sur le socle duquel pointent des mamelons et des dômes. Cette particularité orographique est à rapprocher des caractéristiques du Fouta-Djallon qui s'élève à quelques centaines de kilomètres dans l'ouest. Le mont Nimba est d'ailleurs relié à ce plateau par la chaîne d'où s'échappent, vers le sud, des rivières de la Libéria et de la Sierra-Leone; vers le nord, le Niger et ses premiers affluents.

La région ou chaîne Touba-Guanankala-Korhogo est, elle aussi, très tourmentée. Elle sert de trait d'union entre la chaîne précitée et le massif de Bobo-Dioulasso. Le groupement montagneux le plus important s'étend sur 85 kilomètres de longueur et sur environ 30 kilomètres de largeur, de Timé à Boundiali. (Point culminant 860 mètres à Mahandougou). La Chaîne des Dans s'étend d'ouest en est, sur environ 150 kilomètres de longueur (au nord du 7°30 latitude nord) et 50 kilomètres de largeur entre le Cavally et la Sassandra. C'est un massif coupé, où des dômes dénudés, dont les altitudes atteignent respectivement 1.000, 1.200 et 1.400 mètres, surgissent au milieu de la forêt.

La nature des roches qui forment ces divers reliefs est difficile à déterminer, tant en raison de l'usure, masquée par des matériaux accumulés, que de l'épaisse couche végétale ou de la forêt. Néanmoins, les recherches géologiques, déjà opérées, ont permis de constater la présence de roches anciennes, granits, quartz, gneiss, associés à des roches éruptives, à des schistes. Des basaltes et des roches porphyriques ont été ici et là repérés.

Côtes

Les côtes de la colonie décrivent un arc de cercle, largement ouvert, du cap des Palmes et de l'embouchure du Cavally jusques, à quelques kilomètres à l'est d'Assinie. Elles atteignent environ 550 kilomètres de développement. Une plage, couverte d'un gazon ras ou de buissons rabougris, sépare la mer de la grande forêt dans la partie occidentale des côtes. Dans la partie orientale, un cordon littoral détermine l'existence d'un chapelet de lagunes, tantôt isolées, tantôt réunies entre elles. Au delà des lagunes, la forêt reprend ses droits.

A part quelques collines ou pitons, tels que celui de San-Pedro, sur la côte ouest, on ne relève pas d'autres accidents de terrain que les embouchures des fleuves. La triple lame de la barre déferle sans arrêt sur toute l'étendue du rivage.

Climat

Le climat de la Côte d'Ivoire est caractérisé, particulièrement sur la côte, par l'uniformité de la température. Elle varie de 21° à 30° à l'ombre, avec des écarts quotidiens de 3° à 8°5.

L'année se divise en quatre saisons :

2 sèches. . 15 décembre-15 avril ; 15 juillet-15 septembre.
2 humides. 15 avril-15 juillet ; 15 septembre-15 décembre.

Les vents dominants soufflent de l'ouest et du sud-ouest.

La période la plus chaude est, en saison sèche, de décembre à avril ; cependant, en janvier, l'harmattan du nord-est rafraîchit sensiblement la température. Les jours les plus frais courent de mai à septembre.

Les plus fortes chutes d'eau ont été constatées en juin : Bassam 826 millimètres. Dans la zone maritime, il pleut plus que dans la zone sylvestre. Les écarts de température sont plus accentués dans la seconde, particulièrement la nuit. En fait, l'état hygrométrique s'approche constamment de la saturation avec une moyenne de 94. Dans le nord de 55 à 80. La brise régnante sur la côte est du sud-ouest. Quand souffle l'harmattan, un brouillard épais et froid détermine des abaissements de température assez sensibles.

Les brumes sèches du Soudan, constituées par des particules infinitésimales en suspension dans l'atmosphère, ont été constatées dans le nord de la colonie.

Températures moyennes

	Grand-Bassam	Toumodi	Bouaké	Korhogo	Bondoukou
	—	—	—	—	—
Altitudes.	6 m :	150 m :	—	350 m :	—
—	26°7	23°7	21°1	23°8	30°

	Korhogo	Bondoukou	Kong	Bassam
	—	—	—	—
Maxima ..	33° février	35° avril	38° avril	32°3 avril
Minima .	17° décembre	15°5 janvier	15° janvier	20°8 aout

Pluies

Grand-Bassam. . . .	2.500 m/m
Bingerville	2.200 m/m
Bondoukou	1.300 à 1.500 m/m
Korhogo	1.510 à 1.860 m/m

Conditions sanitaires

Les conditions sanitaires sont très différentes, suivant qu'il s'agit de la zone forestière, dans la partie méridionale de la colonie, ou de la zone de savanes, dans la partie septentrionale.

Le climat chaud et humide de la première zone entraîne avec soi toutes les maladies inhérentes aux régions équatoriales. Les moustiques (glossines) y pullulent et sont la cause des épidémies de fièvre jaune qui, dans ces dernières années, ont, avec la peste, désolé à plusieurs reprises le sud de la colonie ; les fièvres paludéennes et bilieuses, les trypanosomes, la dysenterie, la variole, l'éléphantiasis, le ver de

Guinée ont la même origine. Ce pays serait encore un terrain d'élection pour la maladie du sommeil.

Le climat de la région nord est relativement plus sain, il est plus sec, partant moins favorable aux glossines cantonnées aux abords des cours d'eau et des mares.

Les variations de la température plus amples, les nuits plus fraîches, permettent à l'Européen de mieux se reposer au moins pendant la saison sèche en décembre-janvier.

Les saisons les plus pénibles pour l'Européen sont de février à mai et en octobre-novembre.

Cours d'eau — Lagunes

Le régime hydrographique des rivières de la Côte d'Ivoire est sensiblement le même pour toutes. Les sources perpétuelles étant rares, les rivières pendant la saison sèche, particulièrement dans la partie supérieure de leur cours, où leurs biefs successifs ne sont guère réunis que par un mince filet d'eau, ont leur lit presque à sec. Au contraire, dès que vient la saison des pluies, les rivières enflent. Elles débordent parfois largement de chaque côté de leurs rives. Les rapides sont transformés en cascades et en remous écumeux. En somme, le régime hydrographique est assez défavorable.

(a) LE CAVALLY a sa source sur le versant nord du mont Nimba. Il décrit une courbe vers l'est, puis vers le sud-est, et prend finalement la direction du sud jusqu'à son embouchure. De Cenbo à la mer, il forme la frontière avec la Libéria. Il ne reçoit qu'un affluent sérieux : le Drouo;

(b) LE SASSANDRA a sa source dans la Haute-Guinée (cercle de Beyla). Il coule d'abord vers l'est, puis vers le sud. Il reçoit le N'Zô, le Bafing, la Boa, sur la rive droite, et comme affluents de gauche, le Lobo, le Dabo, la Davo.

Le Sassandra est un fleuve large et profond, malheureusement encombré de roches et de rapides ;

(c) Le Bandama naît dans le cercle de Korhogo, traverse le Baoulé, reçoit à droite le Bandama Rouge, à gauche le N'Zi, affluent très important. Il se jette dans l'Océan, près de Grand-Lahou. Son embouchure n'a que 200 à 400 mètres de large, alors qu'à son débouché dans la lagune de Grand-Lahou, il s'étend sur 1.200 mètres. Du fait de la barre, cette embouchure est sujette à de fréquents déplacements.

Les crues du Bandama sont particulièrement fortes ; son cours est évalué à 800 kilomètres ;

(d) Le Comoé naît dans le Bandama, dans le cercle de Korhogo. Après un cours sinueux d'environ 800 kilomètres, il se jette dans la mer à Grand-Bassam. Il reçoit de nombreux affluents.

(e) La Volta Noire, au nord-est de la Côte d'Ivoire, forme la frontière entre la colonie et la Gold Coast britannique.

Le Cavally, le Comoë, le Bandama offrent le même caractère : ils ont de faibles pentes ; ils sont coupés de barrages, et souvent encombrés de roches; leurs crues atteignent jusqu'à 8 et 10 mètres. La pente du Sassandra est plus accentuée : il est coupé de nombreux rapides.

La description du système hydrographique de la colonie resterait incomplète s'il n'était pas fait mention des *lagunes*.

Ces lagunes jouent un très grand rôle dans l'économie de la colonie en raison des facilités qu'elles présentent pour la batellerie, alors que l'Océan est inhospitalier en raison de la barre, et que les fleuves ne sont navigables que sur de très courtes sections de leur cours.

Ces lagunes sont alimentées les unes, par de petits bassins fermés, par de nombreuses et insignifiantes rivières ; les autres sont en communication avec les fleuves précédemment décrits.

D'ouest en est, la première lagune digne de mention est celle de :

(a') FRESCO, alimentée par le Nioumourou et le Bouïlo. Pendant la majeure partie de l'année, elle communique avec la lagune de Grand-Lahou, par un canal qui est praticable aux pirogues indigènes;

(b') GRAND-LAHOU qui fait suite à la précédente est plus importante. Elle reçoit le Boubo, le Yokoboué et communique avec le Bandama;

(c') LA LAGUNE EBRIÉ est de beaucoup la plus considérable. Elle constitue une vraie mer intérieure. Sa longueur atteint 150 kilomètres d'ouest en est. Elle est très dentelée, remplie de baies, de promontoires et d'îles. Dès que le dragage de quelques seuils, déjà envisagé, sera terminé, dès que l'embouchure du Comoë aura été régularisée, elle sera accessible aux navires de mer d'un fort tonnage.

Dès à présent, la lagune est le siège d'un trafic important particulièrement entre Abidjean et Grand-Bassam.

Plusieurs petites rivières, l'Agnéby, le Mafou ainsi que le Comoë l'alimentent.

(d') LA LAGUNE ABY, au nord d'Assinie, n'est guère moins importante que la précédente. Elle reçoit le Sougan et le Tanoë. Elle communique avec la mer par un passage souvent obstrué, dite la « rivière d'Assinie ».

Des lagunes sont séparées de l'Océan par un cordon littoral dont la largeur et la hauteur sont des plus variables.

Les promesses que la Côte d'Ivoire peut offrir, en tant qu'exploitations de la houille verte, n'ont pas encore été étudiées : la colonie est dans un stade d'évolution trop primitif pour envisager dès à présent cette utilisation.

Plantes

La Côte d'Ivoire doit être divisée sous ce rapport en deux zones :

La *zone guinéenne*, caractérisée par la forêt-vierge, par des vallées basses et marécageuses, coupées de clairières où les indigènes ont leurs terrains de culture, par des parties élevées, des plateaux de latérite, des taillis épais et des savanes herbeuses. Les cours d'eau sont bordés d'un fouillis de végétaux, bambous, palmiers élaeïs, raphia, etc.

La forêt couvre environ 120.000 kilomètres carrés dans la Côte d'Ivoire.

La *zone soudano-nigérienne* occupe le reste de la superficie de la colonie, elle s'enfonce en son centre, comme un coin, entre le Bandama et son affluent, le N'Zi. Elle forme, dans la forêt, une échancrure en forme de V.

Les bouquets d'arbres ne sont pas rares dans la zone soudano-nigérienne, mais les arbres sont de moins belle venue que dans la zone guinéenne. Il faut toutefois excepter les vallées où les galeries forestières forment un épais rideau aux abords des cours d'eau. Les plateaux latéritiques se rencontrent souvent ; les roches anciennes émergent ici là ; mais le sol est en partie formé par une argile grasse et profonde ; il est couvert de savanes et de cultures. Ailleurs, les terres sont légères et pauvres, et l'indigène est obligé de pratiquer les longues jachères.

Les plateaux latéritiques sont couverts d'une herbe dure et courte, qui garde sa fraîcheur pendant presque toute l'année dans les parties les mieux arrosées. En d'autres points, une herbe mince et grêle les recouvre pendant la saison des pluies. Elle périt rapidement dès que s'installe la sécheresse.

VIVRIÈRES

Le *riz de montagne* est la principale culture vivrière développée sur la Côte, dans la région forestière, particulièrement à l'ouest ; la prépondérance est acquise à la *banane* dans la région est. Dans l'une et l'autre région, le *manioc* tient une place importante; il fait l'appoint des mauvaises récoltes de riz. Il montre peu d'exigeance quant à la qualité des terres; il réussit à procurer des rendements de 20.000 kilos à l'hectare et davantage. Dans la région au nord de la zone forestière, l'*igname* est à la base de la nourriture indigène. On en distingue huit variétés.

Le *maïs* est consommé dans la même région. Les deux saisons de pluie permettent d'en obtenir deux récoltes. Les Dioulas sont particulièrement amateurs de cette céréale qui, généralement, est consommée fraîche.

Le *mil* et le *fonio* ont leur habitat dans les régions plus proches des vallées du Niger. (Consulter à leur sujet la monographie du Haut-Sénégal-Niger.)

Les différentes espèces de *haricots soudanais* prospèrent aussi dans la zone des savanes. Ils rendent service comme aliments complémentaires.

L'*arachide* se répand de plus en plus et, dès maintenant, elle descend vers les marchés de la côte.

Il faut citer encore le *gombo*, la *patate*. Sur la Basse-Côte, on rencontre la *canne à sucre* et l'*ananas*.

OLÉAGINEUSES

L'*arachide* doit être rangée dans cette catégorie; quand sa production sera suffisamment développée, elle passera dans la catégorie des plantes industrielles.

Le *sésame* commence seulement à être cultivé, mais d'autres espèces autochtones, telles que le nkobi, le néré, le pourguère sont dès à présent utilisées.

Le *karité*, produit de l'arbre du même nom, donne lieu à un commerce florissant. Son habitat est dans le nord de la colonie.

Le *palmier à huile* (Elaeïs guinéensis) trouve dans la Côte d'Ivoire un terrain d'élection. Il y couvre des surfaces immenses, sur tout le littoral de la colonie, particulièrement dans la région lagunaire. Par contre, dans la forêt, le palmier à huile n'existe que dans les clairières, aux abords des cours d'eau et des villages. On le retrouve plus au nord en peuplements denses, sur la bordure des savanes, ainsi que dans la région semi-découverte qui lui fait suite.

Les parties les plus riches de ces peuplements confinent aux abords des lagunes, mais une grande partie des palmeraies est, dans cette région, encore inexploitée.

Le *coprah*, produit par le *cocotier*, est cultivé dans la forêt aussi bien que sur le littoral, son habitat préféré. Si, aux abords des villages, de la forêt, et jusqu'à 100 kilomètres de la côte, il se présente par bouquets d'arbres, sur le rivage de l'Océan, on le rencontre par groupements de centaines d'individus. C'est là une plantation qu'il serait aisé de développer sur le cordon littoral.

Le *ricin* pousse parfaitement ; sa culture est encouragée par l'administration, en raison de ses qualités lubréfiantes, et du large emploi qui en est fait depuis la guerre.

Des essais d'acclimatation du *soja* de Mandchourie ont bien réussi.

TEXTILES

La principale est sans conteste le *coton*, déjà cultivé en grand par les indigènes. Le produit de ces cultures est à soie courte. Depuis quelques années, des acclimatations d'espèces américaines et égyptiennes ont donné de si bons résultats que ces cultures peuvent, dès à présent, être étendues sans crainte.

Le *jute* croit partout, mais n'est pas utilisé par les indigènes.

Le *kapok*, produit du bombax, (vulgo : fromager), commence d'être apprécié. On le cueille par quantités qui vont croissant.

Le *piassava* est fourni par des palmiers nains du genre raphia.

Le *sisal* et le *fourcroya* sont en essais ; ils donnent des espérances.

STIMULANTES

Le *caféier* pousse spontanément dans la forêt, mais à l'état isolé. Il existe, aux abords de la côte, des plantations de la variété Libéria (Coffea Liberica) qui donne de bons résultats dans la République nègre voisine.

Le *cacaoyer* rencontre dans la colonie un milieu exceptionnellement favorable et donne des produits de première qualité. Indigènes et Européens se livrent à cette culture. Elle est particulièrement développée dans l'Indénié, le Bas-Cavally, le Bas-Bandama et le cercle d'Assinie. On en compte déjà environ 170.000 pieds. Cette culture semble devoir assurer la prospérité de la colonie, ainsi qu'il en a été de sa voisine, la Côte de l'Or.

La *noix de kola* se retrouve ici sous ses deux variétés blanche et rouge ; elle alimente un commerce très considérable, tant par terre que par mer. Le kolatier existe aussi bien dans le bas pays que dans la région des savanes. Son produit prend, d'année en année, une importance qui va croissant.

Le *poivrier* de Guinée fournit un produit peu apprécié des Européens.

DIVERSES

Les *orangers*, les *citronniers*, *manguiers*, *goyaviers*, *divers légumes* d'Europe ont été acclimatés.

Le *tabac* est cultivé par les indigènes en grandes quantités, mais il est mal récolté et mal préparé.

L'*indigo* pousse à l'état sauvage dans la savane et il est cultivé aux abords des villages.

Le *tiliba* donne une teinture rouge.

Le *nkalama* une teinture jaune. Ces produits tinctoriaux sont tous utilisés par les indigènes.

Il existe dans le cercle de Bondoukou une variété de « Cinchona africana » fournissant de la quinine.

Des essais de plantes à parfum ont donné de bons résultats.

Des vanilliers sauvages poussent sur la côte.

PLANTES ET ARBRES

La région forestière et ses abords sont un immense réservoir de richesses pour ainsi dire encore inutilisées. La mission botanique Chevalier a étudié en détail environ 200 espèces de bois, dont un grand nombre sont précieuses. Certains arbres atteignent jusqu'à 60 mètres de hauteur.

L'*acajou* (Doukouma en langue indigène) a une dizaine de sosies. Avant la guerre, on exportait environ 40.000 tonnes de cette seule espèce de bois.

D'autres espèces rappellent, par leur aspect et leur texture, le noyer, le chêne, le hêtre, le santal, le palissandre, le tilleul, le cèdre, le buis. C'est dire l'avenir de la colonie sous le rapport de l'exploitation des forêts. Cette opération avait débuté, mais sans méthode, en raison du manque de moyens de transport. Il a fallu la réglementer.

Sur les 12 millions d'hectares de forêts, dont on signale l'existence à la Côte d'Ivoire, il faut, quant à présent, considérer qu'une importante partie de cette richesse est inexploitable, soit en raison de l'éloignement de toutes communications, soit du fait de l'insuffisante densité des peuplements. 6 à 700.000 hectares environ sont utilisables, qu'ils se trouvent à proximité du chemin de fer ou d'un cours d'eau flottable.

Outre l'*acajou*, l'*iroco* (bois jaune), le *makoré* (bois rouge clair), le *tiama-tiama* sont déjà connus en Europe.

Le *caïlcédrat* est employé en menuiserie.

Le *rônier* (palmier rônier) se trouve en quantités considérables dans la Côte d'Ivoire, au point de constituer de véritables forêts, particulièrement dans le Baoulé. Ailleurs, ses peuplements sont moins importants. Son habitat est au nord de la Grande Forêt. Il fournit le corozo (ivoire végétal) et le vin de palme.

Le *karité* et le *palmier à huile*, le *cocotier*, etc., ont déjà été notés pour leur production grasse.

Il en va de même du *bombax*, pour la production de la fibre *kapok*.

Le *baobab* fournit des fibres résistantes utilisées aux abords du Niger. Les indigènes en font des cordages.

Le *palétuvier* pourrait être exploité industriellement en raison de l'extrait tannique contenu dans son écorce. Il forme des peuplements importants dans les estuaires des fleuves et aux abords des lagunes.

Le *copalier* fournit la gomme copal très estimée ; il se trouve en forêt, mais à l'état isolé.

L'*acacia vérek* et l'*acacia arabica* existent dans le nord de la colonie.

Dans la région des lagunes, on trouve de la gomme fossile qui présente une certaine valeur.

Le *caoutchouc* est produit par les lianes « Landolphia Heudelotii, Landolphia Owariensis, Clitandra Orientalis, et par un arbre, la « Funtumia-elastica ». C'est un produit de lisières plutôt que de pleine forêt, où les lianes ne se multiplient pas aussi facilement.

Le *caoutchouc* est récolté principalement dans la région de Touba, puis au sud de Seguela et de Mankano, dans le nord du Djimini, et à l'est de Kong, région du Comoë.

Les lianes, comme cela est arrivé trop fréquemment dans la plupart des colonies africaines, ont été en maints endroits, saignées à blanc. Le gouvernement de la colonie a été contraint de prendre des mesures pour arrêter ces épuisements et pour permettre aux lianes de se reconstituer. On a créé des pépinières et semé 400.000 graines de Céara (Manihot glazovii). On a fait quelques plantations d'Hévéas : elles prospèrent.

La qualité du caoutchouc récolté s'est beaucoup améliorée depuis quelques années.

Animaux

DOMESTIQUES

Bovidés. — L'élevage est restreint dans la colonie de la Côte d'Ivoire, en raison du grand nombre de moustiques (glossines). Ils sont répandus particulièrement dans la zone forestière. On élève cependant, dans la région des lagunes, une race de bœufs de petite taille. Elle est bien conformée pour la boucherie. La même race se retrouve dans le Baoulé et la partie septentrionale de la colonie. Elle atteint dans cette région une taille un peu plus élevée. Elle apparaît intermédiaire entre le type de la race des lagunes et celui de la race soudanaise.

Le cheptel, autrefois important dans les centres du nord, était tombé à rien sous le coup des dévastations de Samory. Il a aujourd'hui tendance à se reconstituer. Le service vétérinaire est parvenu à faire comprendre aux indigènes la nécessité d'appliquer aux animaux une meilleure hygiène. Il n'existe point de statistique de ce cheptel.

Les bœufs soudanais, importés du Haut-Sénégal-Niger, approvisionnent la colonie en viande de boucherie.

Ovidés. — Les moutons sont beaucoup plus rares à la Côte d'Ivoire que dans le reste de l'Afrique Occidentale Française. Ils y vivent en général avec difficulté. Le petit mouton Bambara, à laine courte, est le mieux acclimaté. Les moutons à longue laine ne résistent pas.

Les chèvres sont assez nombreuses ; elles se rencontrent aussi en forêt et sur la côte.

Chevalins. — Le cheval vit dans la partie septentrionale de la colonie, mais assez péniblement. L'élevage en est peu important et l'effectif chevalin de la Côte d'Ivoire est presque entièrement importé du Haut-Sénégal-Niger.

Le mulet est inconnu.

Les ânes sont en nombre relativement médiocre. Ils vivent dans les mêmes régions que les chevaux. Quelques individus se sont acclimatés et se reproduisent dans la région des Lagunes.

Porcins. — Les porcs vivent nombreux dans les pays fétichistes ; leur chair est médiocre.

Volailles. — Les poulets pullulent, surtout dans la zone du nord qui en écoule de grandes quantités vers la côte.

SAUVAGES

L'éléphant est au premier rang parmi les animaux sauvages de la Côte d'Ivoire. On l'y rencontre en troupeaux encore nombreux, malgré la chasse dont il est l'objet.

L'éléphant rouge, de petite taille, aux pointes courtes, dévaste souvent, par grandes bandes, les plantations de maïs et d'ignames. L'éléphant gris est d'une taille gigantesque ; ses défenses atteignent souvent un poids de 40 à 50 kilogrammes.

Les fauves sont nombreux : le *lion*, le *léopard* ou *panthère* surtout, hantent principalement la région des savanes et ses abords. Le *chat-tigre*, le *guépard* et les petits félins abondent en forêt. L'*hyène* et le *chacal* sont plus rares qu'au Soudan.

Les *antilopes* de toute taille peuplent la savane, le *lièvre* y est commun.

Dans la forêt, les *singes* de toutes espèces sont légion. Il faut citer encore les *phacochères*, *buffles* et *bœufs* sauvages, l'*élan de Derby*.

L'*hippopotame*, la *tortue d'eau*, les *caïmans* se trouvent dans toutes les rivières ; parmi les caïmans, on distingue deux variétés : le caïman vert qui ne s'attaque guère à l'homme, le caïman noir beaucoup plus dangereux. Les *serpents* de toute taille abondent.

Le *petit gibier* est innombrable, canepetières, pigeons de toutes espèces, ramiers, tourterelles, perdrix, cailles, pintades. La perdrix ressemble beaucoup à la perdrix rouge d'Europe; les pintades vont toujours en bandes. Les *oiseaux de proie*, grands et petits, ne sont pas moins nombreux : aigles, milans, vautours, etc.

La partie nord de la colonie doit être considérée comme un paradis pour la chasse ; le gibier et les animaux sauvages de toutes sortes y causent les plus grands dommages aux plantations indigènes.

Les *oiseaux d'eau* sont très nombreux, canards de tous genres, aigrettes, hérons, marabouts, ibis, etc. Ils se tiennent le long des fleuves, et particulièrement sur les lagunes.

LA PÊCHE

L'industrie de la pêche est encore dans l'enfance, par suite de la paresse du noir. Les rivières sont cependant très poissonneuses, les lagunes plus encore, et elles produisent d'excellent poisson comestible. Malgré tous ses efforts, l'Administration n'a pas encore réussi à faire régulièrement approvisionner en poisson la population européenne de la côte.

Sous-Sol

Le sous-sol de la colonie est encore très imparfaitement connu.

Il n'a pas été repéré de *charbon* sur son territoire. Le *fer* existe à l'état de latérite; les indigènes du nord-ouest et du nord-est de la colonie allument des hauts-fourneaux, du genre catalan, mais les détails manquent sur la nature du minerai utilisé. Les forgerons indigènes utilisent, en général, de vieilles ferrailles pour leurs fabrications.

Il y aurait du *titane* dans le cercle de Bondoukou, de l'*antimoine* sous forme de stibine.

L'*or* a été constaté dans les régions de l'Indénié, de Kong, de Bondoukou, de l'Assikasso, du Baoulé (Assikasso en langue achanti signifie « pays de l'or »).

Dans ces diverses régions, les placers sont, pour la plupart, abandonnés.

Dans le Baoulé, l'extraction a dû être active autrefois. L'or ne se rencontre pas seulement dans les alluvions, mais on repère des filons de quartz aurifère.

Dans l'Indénié, l'or est recueilli à la battée ; les alluvions sont exploités au moyen de puits qui descendent jusqu'à 10 mètres de profondeur.

La région de Bondoukou est la plus riche. Elle constitue, sans aucun doute, le prolongement de la longue bande minéralisée qui s'étend à travers le Lobi jusqu'au Mossi (Haut-Sénégal-Niger).

Les exploitations indigènes sont peu intéressantes, aussi

bien au sud qu'au nord de Bondoukou. Des permis de recherches européens ont été accordés.

A Akrisi et à Ahinta, les filons ont été reconnus et suivis. Un matériel d'essai a été installé. Il comprend : concasseur, moulin, table d'amalgamation.

Les recherches par dragages entraient dans une voie nouvelle quand la guerre est survenue.

L'industrie de l'extraction de l'or était prospère autrefois, et les indigènes se servaient de poudre d'or pour leurs transactions commerciales avec les Européens. Les monnaies divisionnaires d'argent ont remplacé la poudre d'or, et les indigènes ont abandonné le métier pénible de chercheurs d'or pour s'adonner à la cueillette : caoutchouc, palmistes (amandes de palmes), karité, etc., qui leur rapporte davantage.

On a rencontré, aux abords du Bandama, des *pyrites* associés à un minerai aurifère très décomposé ; au nord de Lahou, du *latérite* avec *hématite* à 64 pour 100 de fer, et des *bauxites.*

Des espérances, un instant formulées, au sujet de gisements de pétroles, dans la région des lagunes, se sont révélées prématurées.

L'HOMME

Démographie

La population de la colonie atteint environ 1.530.000 habitants. Ils sont très irrégulièrement répartis sur la surface du sol. C'est le fait de la nature, c'est aussi une conséquence des dévastations du conquérant noir Samory.

La région forestière est peu habitée, sauf aux abords des lignes d'eau. La côte présente une population plus normale. Les savanes du nord ont été les unes ravagées, (en ce cas, elles se repeuplent lentement), les autres ont été relativement préservées.

DENSITÉ DE LA POPULATION

La densité de la population, pour l'ensemble du territoire de la colonie, s'élève à environ 5 habitants au kilomètre carré (4,7 exactement).

Les guerres de Samory, les massacres, les razzias ont, pour ainsi dire, dépeuplé les régions de Kong et de Bouna, où la densité est tombée à 1,5 au kilomètre carré. Kong, au lieu de 15.000 habitants, n'en possède même plus 3.000. Bouna est passé de 10.000 à 1.000. Au point de vue géographique, ces régions sont moins bien partagées que leurs voisines. Le sol y est mal arrosé, sec, sablonneux, les dépressions marécageuses. Au contraire, la région de Korhogo jouit d'un sol plus frais, mieux arrosé, riche en sources, et par là, plus favorable aux cultures.

Les indigènes habitent, de préférence, les éminences et les plateaux. Ils cherchent ainsi à s'éloigner des foyers de malaria et des glossines qui pullulent dans les vallées, aux bords des rivières. Certaines parties de la Grande Forêt sont totalement désertes.

CERCLES LES PLUS PEUPLÉS			CERCLES LES MOINS PEUPLÉS		
NOMS	Habitants	Densité	NOMS	Habitants	Densité
—	—	—	—	—	—
Baoulé.	225.500	10,3	Assinie.	15.946	2,8
Lagunes (région des).	....	9,1	Bas-Sassandra . .	31.202	2,3
Haut-Sassandra	164.63'	8,7	Indénié	16.464	1,8
Touba.	100.2[illegible]	7,3	Bas-Cavally. . . .	20.133	1,8
N'Zi Comoë. . .	175.047	6,8	Bondoukou. . . .	56.000	1,5

Si le Baoulé est la région la plus prospère de la colonie, il le doit autant à sa population laborieuse qu'à son climat et à sa terre de savane, entremêlée de bouquets de bois et sillonnée de cours d'eau.

Ethnographie

La population de la Côte d'Ivoire est entièrement de race noire; elle peut être divisée en 7 groupements ethniques :

Famille	Agni-Achanti.	408.500	individus
—	Mandé	285.000	—
—	Sénoufo.	256.000	—
—	Kroumen	250.000	—
—	Dans-Gouros	178.000	—
—	Koua-Koua	106.000	—
—	Voltaïque.	38.500	—

Les familles Mandé, Sénoufo et Voltaïque se partagent, dans cet ordre, le nord de la colonie, d'ouest en est, jusqu'aux parages du 8° de latitude.

La famille Dans-Gouros présente de grandes affinités avec le groupe Mandé qu'elle prolonge vers le sud, sur les lisières, ainsi que dans la Grande Forêt. Agriculteurs dans les parties septentrionales de leur habitat, ces Africains tirent bon parti des produits de la forêt. Les Dans du sud comptent parmi les indigènes les plus arriérés de la colonie. Les Gouros ont été contraints de relâcher leurs nombreux esclaves.

La famille Sénoufo a été assujettie par les Mandés-Dioulas. Elle est considérée comme autochtone ; par contre, les Mandés viendraient des rives du Niger. Le Sénoufo est peu intelligent. Obéissant, laborieux, doux, très attaché à la terre, il fournit une main-d'œuvre appréciée.

Les Koulangos et Lobis appartiennent à la famille voltaïque. Ils offrent beaucoup d'analogies avec les Sénoufos. Comme eux ils fournissent une main d'œuvre de bonne qualité.

La famille Agni-Achanti a pour habitat la partie orientale de la colonie au sud des Sénoufos et des Voltaïques. Elle s'étend à l'ouest jusqu'au Bandama. Trois groupes principaux la constituent : 1° le groupe Appollonien ; 2° le groupe Abron ; 3° le groupe Agni. Ils sont le résultat d'un mouvement de migration qui s'est produit d'est en ouest, venant de l'Achanti britannique.

Les Apolloniens sont très entreprenants, âpres au gain. Ils s'adonnent à l'exploitation des produits de la forêt et au commerce. C'est un beau type de race humaine.

Les Agnis, indépendants et individualistes, ont opposé à la pénétration française une résistance énergique. Avec les Abrons, ils forment une population essentiellement agricole. Beaucoup vont chercher du travail dans les centres et dans les exploitations européennes.

La famille Koua-Koua habite la région des lagunes. On réunit sous ce nom une poussière de peuplades n'ayant aucune affinité ethnique. Assez industrieux, ils exploitent les ressources naturelles qui abondent sur leur territoire, particulièrement les palmeraies. Certains groupes sont très arriérés et sauvages. Ils ont été l'occasion de graves difficultés pour la colonisation française.

La famille Kroumen occupe la partie sud-ouest de la colonie. Parmi les peuples qui la composent, les Bétés sont peu intelligents, fourbes, sanguinaires. Ils font des cultivateurs médiocres. Les Bakoués, plus intelligents et laborieux, ont évolué vers les Européens.

Le Krouman de la côte est universellement connu. Il arme un grand nombre des allèges qui servent au transit des marchandises entre les navires et la côte. Bon matelot, le Krouman cultive le riz. Il récolte l'huile de palme et se livre à la culture du cacao.

Encore à l'heure actuelle, quelques tribus de l'intérieur sont anthropophages.

LOCALITÉS LES PLUS IMPORTANTES	INDIGÈNES	EUROPÉENS
Grand-Lahou	5.459	25
Bouaké	3.517	33
Toumodi	3.131	6
Grand-Bassam	2.832	144
Bondoukou	2.800	3
Bingerville	780	77
Abidjean	613	88

Abidjean et Grand-Bassam ont été érigées en communes-mixtes.

CONDITIONS ÉCONOMIQUES

VOIES DE COMMUNICATION

Communications Intérieures

PISTES ET ROUTES

Les communications s'établissent presque partout à l'aide de pistes caravanières aménagées. Le régime du portage tend à diminuer lentement avec la construction de routes carrossables ; des charrettes légères commencent de circuler.

Sur les routes les plus fréquentées, le passage des rivières est assuré par des bacs ; ailleurs par des pirogues indigènes.

Les principales routes sont :

De Aboisso à Zaranou	135 Km.
De Bouaké à Dabakala et à Mankono-Touba (prolongée jusqu'à Beyla (Guinée Française).	287 Km.
De Dabou à Tiassalé et à Toumodi	186 Km.
De Bouaké à Korhogo.	227 Km.
De Tabou à Tibato et à Grabo	282 Km.
D'Agboville à Adzopé et à Zaranou	135 Km.
De Korhogo à Odienné et à Bobo-Dioulasso (Haut Sénégal et Niger)	260 Km.
De Sassandra à Soubré.	150 Km.
De Zaranou à Bondoukou et à Bouna	394 Km.

COURS D'EAU

1° *Rivières.* — En général, les rivières ne sont navigables que sur une faible partie de leur cours.

Ainsi le Cavally n'est accessible pour les chaloupes à vapeur que jusqu'à Tiboto. Il est, en outre, praticable aux pirogues sur une faible partie de son parcours.

Le Sassandra est remonté par les pirogues jusqu'à Soubré. Les accidents sont fréquents à cause des rapides.

Le Bandama est praticable aux petits vapeurs jusqu'à Ahuacré, aux pirogues jusqu'à Tiassalé.

Le Comoë porte jusqu'à Alépé des petits vapeurs calant 1 mètre, jusque Malamalossa des pirogues.

La rivière Bia, qui se jette dans la lagune Aby, est navigable aux petits vapeurs jusqu'à Aboisso.

2° *Lagunes.* — Dans les lagunes, la navigation recourt aux chaloupes à vapeur, aux petits vapeurs, aux remorqueurs, aux chalands, aux pirogues et aux bacs.

Des services réguliers et journaliers sont établis entre Abidjean, Bingerville, Bassam. La Compagnie des Chargeurs Réunis en soutient l'entreprise.

D'autres services bi ou tri-hebdomadaires réunissent les principales localités de la lagune Ebrié. Il en va de même pour les lagunes Aby et Lahou. Les pirogues suffisent à assurer le service dans la lagune Fresco.

CHEMINS DE FER

Le chemin de fer de la Côte d'Ivoire est seulement construit sur une section de 316 kilomètres, d'Abidjean-Lagune à Bouaké. Il est destiné à desservir le nord de la colonie, puis à pénétrer profondément dans le continent africain.

Il sera prolongé vers Bobo-Dioulasso et le Mossi. Ainsi il drainera vers le futur port de la Côte d'Ivoire le trafic de la colonie et ouvrira au commerce européen une région fertile et peuplée du Haut-Sénégal-Niger.

On prévoit un embranchement qui s'amorcera à Dimbokro, vers Daloa, et sera prolongé ultérieurement vers Beyla (Guinée) où il rencontrera une voie venue de Kankan.

Longueur construite : 316 kilomètres ;

Gabarit. — La voie est d'un mètre d'écartement, ainsi que toutes les voies de l'Afrique Occidentale Française ;

Ponts. — Les ponts sont peu importants. Les uns de 10 mètres, les autres de 15. Ils sont du type « Soudan », les uns en poutres pleines, les autres en treillis métallique. Le pont sur l'Agnéby atteint 75 mètres, celui du N'Zi 125 mètres ;

Courbes. — Le rayon minima des courbes est de 150 mètres. Déclivités maxima : 25 millimètres par mètre.

Côtes. — 300 mètres environ à Bouaké ;

Mode de traction. — La vapeur ;

Statistique du tonnage. — Le chemin de fer transporte, principalement à la montée, les produits d'importation européenne et, à la descente, du bétail, des bois, des céréales, du coton, du riz. Il est d'ailleurs trop récemment construit pour que les nouveaux courants commerciaux se soient établis définitivement et pour que les cultures nouvellement installées aient pu prendre un développement suffisant. Cependant, un certain nombre de routes nouvelles sont venues se greffer sur la voie ferrée :

D'Agboville à Abengourou et à Tiassalé ;
De Dimbokro à Toumodi-Daloa et à Bouaké ;
De Dimbokro à Bondoukou.

Du terminus de Bouaké rayonnent, en éventail, un grand nombre de routes nouvelles.

En 1915, la colonie a importé pour la dernière fois une certaine quantité de matériel destiné à la construction de la voie ferrée, mais depuis il lui a été impossible de pousser plus avant l'établissement de sa ligne principale ;

Matériel fixe et roulant. — La voie est du type « Guinée ». Rails de 25 kilogrammes 500 au mètre ; traverses pesant 36 kilogrammes. Eclisses : 6 kilogrammes.

La gare d'Abidjean a été construite sur un plan large, en vue du trafic futur et de la création de voies d'évitement.

Locomotives de 35 tonnes en charge, 26 à vide, matériel roulant neuf.

Les dépenses pour la section Abidjean-Bouaké se sont élevées à 37.087.055 francs (1914).

En 1915, le trafic ralenti a été la cause d'un déficit.

Recettes	749.203	francs
Dépenses	985.497	—

Le Gouvernement Général de l'Afrique Occidentale Française a décidé de pousser la ligne au dela de Bouaké vers Bobo-Dioulasso, dès que les circonstances permettront cette avance.

POSTES, TÉLÉGRAPHES, TÉLÉPHONES

La colonie est desservie par 38 bureaux de Postes, Télégraphes, Téléphones. La longueur de fils dépasse 4.000 kilomètres.

Un câble, posé au travers de la lagune Ebrié, réunit Bingerville à Grand-Bassam. Ces villes sont dotées d'un réseau téléphonique.

Une station de télégraphie sans fil a été ouverte à Tabou : elle correspond avec les navires. La nuit, elle est en rapport avec Conakry. Une seconde station est en projet à Abidjean.

Le réseau des Postes, Télégraphes et Téléphones de la Côte d'Ivoire est en communication avec :

La Guinée, par Touba et Beyla ;

Le Haut-Sénégal-Niger, par Korhogo-Sikasso et Kong-Bobo-Dioulasso ;

La Gold Coast, par Assinie et Half-Assinie.

Communications Extérieures

A proprement parler, la Côte d'Ivoire ne dispose point d'un port. Les opérations de chargement et de déchargement sont exécutées à l'aide de l'appontement ou wharf de Grand-Bassam. Il est actuellement en médiocre état. De Grand-Bassam, les marchandises débarquées sont transportées principalement à Abidjean et réciproquement.

Grand-Bassam reçoit la plus grande partie des importations venues par mer.

En 1913, le volume total du trafic en tonnes était le suivant :

Grand-Bassam	Assinie	Lahou	Sassandra
—	—	—	—
71.189	9.923	11.670	3.235

Jacqueville	Tabou	Grand-Drewin
—	—	—
4.214	1.799	1.898

En dehors de Grand-Bassam, les opérations d'échange sont pratiquées au moyen d'embarcations spéciales que manœuvrent des Kroumen.

Avant la guerre, l'appontement de Grand-Bassam avait presque atteint la limite de son rendement. Ses recettes, prélevées sur le transit, dépassaient 600.000 francs. Il serait urgent de passer à exécution le projet étudié : il s'agit de régulariser l'embouchure du Comoë et de construire deux digues à l'embouchure de ce cours d'eau pour remédier aux inconvénients de la barre. Après cela, quelques dragages suffiront pour rendre accessible aux plus gros navires le magnifique bassin qui est constitué par la lagune Ebrié et par le port d'Abidjean. Les dépenses de l'entreprise sont évaluées de 15 à 21.000.000 de francs, suivant l'ampleur des projets. L'avenir de la colonie dépend de leur exécution.

Les *vents* dominants soufflent de l'ouest et du sud-ouest ; pendant la saison sèche, ils sont remplacés par l'Harmattan, vent du nord-est qui se manifeste à intervalles espacés ;

Les *marées* ne dépassent pas la moyenne de la côte (1,40 à 1,50). Elles se propagent sur une quarantaine de kilomètres dans le bas cours du Comoë. Elles influencent environ 200 kilomètres carrés de la surface de la lagune Ebrié ;

Les fonds. — Au large des côtes, le plateau africain s'incline doucement dans le golfe de Guinée. A 12 milles au large, les fonds sont encore à 200 mètres, puis le plateau sous-marin se termine, et les fonds de 600 à 900 mètres apparaissent brusquement. Devant Petit-Bassam, une fosse creuse, véritable vallée sous-marine de 300 mètres de profondeur, approche de très près la côte. C'est le « Trou sans nom ».

A l'est de Fresco, la côte est sans mouillages. A l'ouest, entre ce point et la frontière libérienne, elle est parsemée de roches. Si, dans l'ensemble, la côte paraît rectiligne, dans le détail, elle est fréquemment dentelée de promontoires et de récifs qui s'avancent loin en mer ;

Le rayonnement de Grand-Bassam est assez considérable, Grand-Bassam étant en relations avec les marchés européens les plus importants et avec les ports principaux de la Côte Occidentale de l'Afrique.

LIGNES DE NAVIGATION

Lignes de Navigation françaises. — *Les Chargeurs Réunis* mettent la Côte d'Ivoire en communication avec le Havre et Bordeaux d'une part, les principaux ports de la Côte d'Afrique de l'autre.

La Compagnie Fraissinet assure la communication entre Marseille et la Côte d'Afrique.

Il en va de même de la *Compagnie Cyprien Fabre ;*

Lignes étrangères. — *La Compagnie Belge maritime du Congo* a maintenant son port d'attache à Liverpool ; elle touche à La Pallice (France), et Bassam suivant les occasions.

Il en va de même de la *Compagnie anglaise Elder Dempster.*

CABLES

Le câble Dakar-Brest est prolongé par Conakry, Monrovia, Grand-Bassam, Cotonou. Il relie directement la colonie avec la métropole : il la met en communication avec les autres câbles qui desservent les continents africain et sud-américain.

INDUSTRIE

Industrie Agricole

PRODUITS DU SOL

Les *plantes vivrières.* — La plupart sont cultivées par les indigènes pour leurs besoins personnels et elles ne donnent pas lieu à des transactions importantes. Cependant, la production du *riz* de montagne est en croissance vive depuis l'arrivée du chemin de fer à Bouaké. En 1912, les quantités de « paddy » exportées de la province de Baoulé s'élevaient à 300 tonnes. La production de riz blanc d'irrigation était insignifiante.

Le *mil*, particulièrement le gros mil, ne rend pas à la colonie les services qu'elle en peut attendre, tant par sa production de farine que par sa production d'alcool.

Ces productions sont évaluées :

Le rendement de farine, en poids, à 61 pour 100 ; le rendement d'alcool à 40 pour 100. La production du mil est évaluée à 150.000 tonnes au Sénégal, à 200.000 au Haut-Sénégal-Niger. Elle ne tient qu'une petite place dans l'alimentation indigène de la Côte d'Ivoire.

Les *plantes oléagineuses*. — Les *arachides* s'étendent et descendent vers les marchés de Bouaké et d'Aboisso, mais elles ne sortent pas encore de la colonie. Elles égalent en qualité la production du Sénégal; leur accès sur les marchés extérieurs dépend uniquement des futurs moyens de transport et de transbordement de la colonie.

Palmistes (*amandes de palme*) *et huiles de palme*. — Les chances de la production de la colonie paraissent ici illimitées, étant donnés les emplois actuels des fruits du palmier à huile. L'obstacle sérieux à l'extension de cette utilisation est le peu de densité de la population indigène. Dans les conditions présentes, on n'arrive même pas à exploiter les riches palmeraies des lagunes dont beaucoup restent incultes.

Les procédés rudimentaires d'extraction des indigènes étant insuffisants, plusieurs usines ont été installées, dont l'une à Grand-Dewin, deux aux environs de Bingerville, une quatrième près de Grand-Bassam sur le Comoë. Elles traitent les fruits du palmier, soit à sec, soit par la méthode humide.

Les arbres des palmeraies cultivés en plantations régulières donnent une production très supérieure à l'arbre en brousse, et la cueillette en est plus facile.

La surface naturellement plantée en palmiers à huile, dans la colonie, est évaluée à environ 1.000.000 d'hectares. A raison de 30 arbres à l'hectare (chiffre très inférieur à la réalité), on aboutit à un total de 30.000.000 de palmiers, dont il serait possible de tirer annuellement 294.000 tonnes d'huile de palme et 84.000 tonnes d'huile de palmistes (amandes de palme).

Les indigènes utilisent l'huile de palmes pour leur cuisine et pour leur toilette, mais un des principaux avantages de cet arbre, à leurs yeux, est de fournir le vin de palme.

Sorties 1916	Huile.	6.949	tonnes
—	Amandes	7.956	—

Huile : le kilogr. valant environ 1 fr. 67
Amandes : le kilogr. valant environ 0 fr. 30

Le *coprah*, produit du cocotier, a été un moment délaissé. On revient à cette préparation, mais en quantités encore modérées. On peut reprocher au cocotier, dans ce pays si admirablement adapté à la production oléagineuse, sa mise à fruit tardive ; pour entrer en bon rapport, une plantation doit être attendue dix ans ; de même l'olivier en Tunisie. Le rendement en devient excellent, à condition que le planteur puisse attendre aussi longtemps. Le coprah vaut environ 0 fr. 30 le kilogramme.

Le *karité* remplace, dans le nord de la colonie, le palmier à huile; il est utilisé par les noirs comme comestible, comme éclairant, comme matière première pour la fabrication du savon ; les femmes en enduisent leurs cheveux.

Le *beurre de karité* est extrait du fruit de ce palmier, il contient 43 pour 100 d'acide stéarique et 57 pour 100 d'acide margarique.

Les noirs consomment la pulpe du fruit ; l'amande seule

sert à faire le beurre. Les prix varient de 0 fr. 20 au Lobi, pour atteindre 0 fr. 55 le kilo à Tombouctou.

La Côte d'Ivoire pourra aisément fournir 3 à 4.000 tonnes de karité, quand le chemin de fer aura atteint une latitude plus septentrionale.

Les *plantes textiles.* — Le coton pousse dans presque toute la zone des savanes de la colonie, particulièrement dans les cercles du Baoulé, du Tagouanas, de Bondoukou où des champs de plusieurs hectares de coton ne sont pas rares.

Il en existe quatre variétés qui donnent des rendements très différents. Les fibres sont assez longues et résistantes, mais ternes. Elles présentent parfois des taches de rouille jaunes, dues à une trop grande humidité au moment de la maturité.

Il conviendra d'améliorer la production indigène, plutôt que d'introduire des espèces nouvelles qui s'acclimatent malaisément. Les essais de variétés américaines ont médiocrement réussi.

D'accord avec l'*Association Cotonnière Coloniale,* le Gouvernement a installé, pour permettre l'égrenage et le pressage de la récolte :

1° A Bouaké, une usine à vapeur, avec égreneuses à scie, d'autres à rouleau et une presse hydraulique. Le rendement est en moyenne d'une tonne de coton égrené et pressé pour 3 tonnes de fibres. Les balles obtenues sont de 250 kilos;

2° Une usine semblable fonctionnait en montage à Dimbokro au début de la guerre ;

3° Un matériel à main permettant d'obtenir des balles de 30 kilos est en usage dans 9 autres stations.

De 130 tonnes net en 1914, la production est montée à 400 tonnes en 1916-1917. Les prix évalués ont été de 45 à 50 francs le quintal, pour une sortie contrôlée de 332 tonnes, fin décembre 1916.

Le *kapok* est très recherché depuis quelques années. Il est égrené et pressé à la Côte d'Ivoire dans les mêmes stations et avec le même matériel que le coton. Il a valu environ 400 francs la tonne pour 24 tonnes sorties en 1916.

Les *plantes stimulantes*. — Le *cacaoyer* pourrait, comme dans le cas de la Gold Coast, faire la fortune de la colonie. La terre de la Côte, est, en beaucoup d'endroits, pour ainsi dire vierge. Pendant de longues années, elle pourra se passer d'engrais artificiels. La consommation augmentant ici du même pas que l'offre, il n'y a pas à craindre le danger de la surproduction. La culture peut compter sur la stabilité du marché. Cette circonstance est uniquement favorable à l'établissement des plantations.

L'arbuste est parfaitement adapté au milieu local. Les cacaoyers entrent fréquemment en production à deux ans et demi. Les produits sont excellents, tant en qualité que sous le rapport de la quantité. En 1915, la valeur en était en Europe, rendu au Havre, de 2 fr. 30 le kilo.

La main-d'œuvre actuelle suffit à plusieurs milliers d'hectares de plantations.

L'arbuste adulte fournit environ 3 kilos de cacao sec. La densité des plantations est de 625 arbustes à l'hectare. En 1916, les sorties sont montées à 187 tonnes. (En 1915, la colonie anglaise voisine, la Gold Coast, en a exporté 77.278 tonnes).

Le caféier. — Les plantations de caféier remontent à plusieurs années, elles ne se sont guère développées. Le café indigène vaut un peu moins de 2 francs le kilo; on a constaté une sortie de 40 tonnes. Une grande partie de la production est consommée dans la colonie.

La *noix de kola* constitue un des principaux produits de la colonie. Son utilisation va croissant, tant à l'intérieur de la colonie qu'à l'exportation, par voie de terre et de mer.

La colonie produit surtout la noix de kola jaune, blanche ou rose. Elle se conserve moins que la noix rouge, laquelle provient principalement du pays Achanti, dans la Gold Coast.

Ces noix sont consommées dans des zones très distinctes, particulièrement dans le Haut-Sénégal-Niger, qui en est le plus important consommateur. (Voir ci-dessous pour le détail la rubrique « Courants Commerciaux ».

En 1913, les sorties étaient évaluées à 672 tonnes environ, dont la valeur, sur place, est d'environ 1 fr. 25 à 1 fr. 75 le kilogramme.

Les *produits forestiers.* — Le *caoutchouc* est, jusqu'à présent, exclusivement un produit de cueillette. Sa production a passé par les phases les plus diverses, suivant l'état plus ou moins troublé de la colonie et des marchés extérieurs. Le caoutchouc produit par la colonie a eu longtemps mauvaise réputation. Les fraudes commises par les indigènes en étaient la cause. Depuis quelques années, la qualité s'en est grandement améliorée. C'est un effet de l'enseignement fourni par les moniteurs indigènes. Les noirs se plient à des méthodes qui permettent de soigner les lianes sans les épuiser et de coaguler proprement le latex. La production, d'abord presque arrêtée par la guerre, atteint en 1916 : 337 tonnes. Le prix avoisine 6 francs le kilo, en plaquettes minces.

La production des *bois divers* a été grandement entravée par les difficultés que présente leur exportation dans les circonstances actuelles (1917). Les chantiers sont généralement établis à proximité de la voie ferrée — voies Decauville — qui facilitent le transport et le chargement des billes. Le flottage vient aussi, dans une certaine proportion, au secours de l'exportation. C'est la production la plus durement frappée par la guerre. La colonie n'exporte plus que le cinquième environ des quantités qui sortaient du pays avant les hostilités, soit en 1916 : 8.133 tonnes, dont le prix dépassait quelque peu 100 francs la tonne.

Autres produits. — Les débouchés des peaux brutes de bœufs, provenant principalement du bétail consommé dans la colonie et dans les contrées avoisinantes du Haut-Sénégal-Niger, vont en s'accroissant. Les sorties constatées ont été de 108 tonnes.

IRRIGATION

L'irrigation n'est pas pratiquée d'une façon méthodique dans la colonie.

MÉTHODES DE CULTURE

Les méthodes de culture, en usage chez les indigènes avant l'occupation française, étaient des plus primitives. Elles visaient à suffire strictement aux besoins de la consommation locale. Une lente évolution se dessine. Les administrateurs sont parvenus par endroits à secouer la mollesse indigène. La nature luxuriante paye au centuple le moindre effort. Dans la savane, le noir arrache et brûle les herbes ; il pioche la terre avec la « daba », l'outil commun à toute la région ouest-africaine. Dans la forêt, il défriche les clairières, sans s'attaquer aux grands arbres. Les moyens lui manquent pour les abattre.

CONDITIONS DE PROPRIÉTÉ

Au point de vue social, dans le centre et le sud de la colonie, règne l'individualisme complet et l'anarchie pure. Aucune autorité en dehors du chef de famille, aucune cohésion dans la même tribu. Chaque campement vit pour son compte.

Le droit de propriété est, par conséquent, variable suivant les races et les tribus.

D'une façon générale, il est cependant permis de dire que :

1° La propriété mobilière est individuelle et absolue, qu'elle s'applique à un objet fabriqué ou acheté, à un produit végétal (caoutchouc) ou à un objet tiré du sol ou d'un animal (or, ivoire).

2° La propriété immobilière est à la fois individuelle et collective; individuelle pour les habitations, collective pour les terrains de culture, dont toute la famille a la jouissance sous l'autorité du chef de famille.

Il faut distinguer ici une nuance entre les populations restées indépendantes qui ont gardé leurs terres, propriété de famille, et les populations conquérantes qui ont dépossédé, chassé ou tué les anciens propriétaires. Ici la propriété est collective par village. Chaque village a hérité d'un groupe de conquérants.

Cette propriété connaît des subdivisions : les régions improductives (savanes, terrains rocheux non miniers) sont banales ; les régions productives (forêt, terrains à minerais, cultures) sont réparties entre les membres de la communauté. Le droit de propriété est transmissible aux héritiers des défunts.

Dans certaines parties de la colonie, le droit de propriété est partagé. C'est ainsi que, dans le nord-est de la colonie, les Abrons sont devenus, par prescription, possesseurs des terrains de cultures des Koulangos, mais les Koulangos ont gardé entier leur droit de propriété sur les forêts et sur le sous-sol.

Suivant l'état de civilisation des races, le droit de propriété, sommairement décrit ci-dessus, s'accroît ou s'efface. Ainsi, chez les Mandés, la propriété immobilière est délimitée et régulièrement établie; elle reste cependant collective dans les limites de la famille. La propriété mobilière, y compris les habitations, est absolument privée.

Chez les indigènes du Bas-Cavally, la conception de la

o, dont les plantations s'étendent dans la vallée du oë jusqu'au sud de Bondoukou.

La noix de kola, déjà citée, entre, elle aussi, dans la caté- des produits d'exportation.

L'ivoire vient des cercles du nord et de la Grande-Forêt.

MARCHÉS, BAZARS, CARAVANES

Dans toute agglomération ou gîte d'étapes un peu im- ant, un petit marché journalier, tenu dans la matinée, net le ravitaillement. Chaque semaine, un marché plus sidérable donne lieu à des transactions importantes. Les gènes y viennent vendre et échanger les produits de la t ou des cultures contre des objets de nécessité première : pagnes, nattes, arachides, poteries, outils, couvertures, role, tissus, mouchoirs. Ils laissent en échange du bétail, la volaille, du caoutchouc, du riz, du maïs, du coton, du ok, du karité, des kolas, des peaux de bœufs, de l'ivoire.

Les principaux marchés sont ceux de Bondoukou, Daba- a, Bouaké, Kong, Korhogo, Mankono, Séguéla, Touba, anankala, Boundiali, au nord de la forêt. A l'intérieur de forêt : Aboisso, Dimbokro, Tiassalé, Daloa, Agboville ; la côte et les lagunes : Tabou, Béréby, San-Pedro, Sas- dra, Grand-Drewin, Fresco, Grand-Lahou, Dabou, Abid- n, Bingerville, Alépé, Grand-Bassam, Assinie.

Une série de maisons de commerce ont établi des succur- es dans les principaux centres. Elles y débitent des pro- its d'importation et y concentrent les marchandises des- ées à être exportées.

Les courants commerciaux principaux vont de la côte rs l'intérieur et réciproquement. Ils sont cependant sou- is à des déplacements de détail, mais parfois dignes d'ob- rvation et qui sont en relation avec la construction de la ie ferrée, ainsi qu'avec l'ouverture de routes nouvelles. Exemple : la route de Tiassalé à la mer, autrefois exu-

propriété est beaucoup plus rudimentaire. Il n'y a de propriété permanente et constituée que le domaine du village, et de propriété individuelle que la case et ses dépendances. Chaque famille peut, dans les limites du domaine du village, mettre en valeur le terrain vacant. Quand le sol est épuisé, on se transporte ailleurs. L'occupant d'une terre en est le propriétaire provisoire. Il se produit, depuis quelques années, une évolution chez les indigènes : elle tend à la constitution de la propriété foncière individuelle.

PRODUITS DE L'INDUSTRIE

La partie septentrionale de la colonie est, sous ce rapport, très supérieure à la région forestière. Toutes les industries du Soudan français y sont représentées.

Les tisserands trouvent une matière première abondante dans le coton indigène. Ils le tissent en bandes de 10 à 14 centimètres de largeur. La teinture est une industrie liée au tissage et très prospère.

Les cordonniers indigènes utilisent et teignent les cuirs des animaux domestiques.

Les potiers sont adroits.

Les forgerons ne fabriquent pas seulement les outils de travail indigène : ils peuvent copier des modèles, exécuter des ouvrages assez fins (telle une batterie de fusil). Les menuisiers ont l'expérience de leur état.

Quelques bijoutiers travaillent l'or.

Industrie Extractive

Il a été exporté en 1916 : 62 kilos 131 d'or. L'extraction totale est inconnue.

Les exploitations européennes ne sont pas encore entrées dans une phase active. Les exploitations indigènes sont des plus primitives : les terres extraites des alluvions à l'aide de puits sont lavées à la battée. L'extraction des terres se fait en saison sèche de la façon suivante. Les indigènes creusent une ligne de puits espacés de quelques mètres. Arrivés à la couche payante, ces puits sont agrandis et puis rejoints entre eux, de manière à former une espèce de tunnel. Les terres, une fois extraites, sont mises en tas et lavées pendant la saison des pluies. Les indigènes abandonnent peu à peu cette industrie qui est peu rémunératrice. Elle ne rapporte, en effet, en moyenne, que 1 franc à 1 fr. 10 par tête, par jour de travail.

Industries diverses

Il faut signaler l'*éclairage électrique* à Bingerville, les *huileries*, dont il a été question à propos de la fabrication de l'huile de palme, et une *briqueterie*, près de Grand-Bassam.

COMMERCE

Le commerce de la colonie est en période de croissance et de réorganisation. L'arrivée de la voie ferrée à Bouaké, au milieu du Baoulé, c'est-à-dire la région où la population de la Côte d'Ivoire est la plus dense, a déterminé un déplacement des anciennes voies commerciales qui se dirigent de l'intérieur vers la côte, avec retour de la côte vers l'intérieur. Seuls, le Comoë, et, surtout, le Sassandra, continueront à servir de voie d'écoulement aux produits forestiers. Les autres objets de commerce subiront graduellement l'attraction de la voie ferrée. Au moment où les anciens courants commerciaux voient décroître leur importance, les routes carrossables nouvelles, qui se greffent sur la voie ferrée, permettent le développement de transactions plus nombreuses

appliquées à un nombre plus considéra
mières ou de produits fabriqués.

Commerce intérieur

Le commerce intérieur porte aussi b
de consommation directe de l'indigène c
destinés à l'exportation.

Produits de consommation intérieure.
duits de consommation intérieure, les cé
cules : mil, maïs, riz, igname rayonnent a
des cercles du nord vers le Baoulé et les
commerce s'accroîtra dès que le prolongen
fer permettra les transports.

Les kolas proviennent surtout de la
du cercle des Tagouanas, des cercles de
Touba et de l'Ouorodougon. Ces kolas son
jaunes. Les kolas rouges viennent du pays

Le beurre de karité est récolté surtou
nord de la colonie, dans les cercles d'Odienné
la région de Bouna. Il forme la matière d'un
vers la partie sud de la région des savanes.

Le cotonnier alimente l'industrie indigèn
dans les cercles précédemment dénommés, c
surfaces considérables ; dans le Baoulé, da
N'Zi-Comoë, il est cultivé en vue de l'export

Produits d'exportation. — Le caoutcho
dans les cercles de Bondoukou (partie sud
N'Zi-Comoë, Gouros, Haut-Sassandra, Toub
L'huile de palme et les palmistes (amande
coprah proviennent des cercles côtiers.

Le kapok est récolté surtout dans le cercl
café provient de la région des lagunes. Il en es

propriété est beaucoup plus rudimentaire. Il n'y a de propriété permanente et constituée que le domaine du village, et de propriété individuelle que la case et ses dépendances. Chaque famille peut, dans les limites du domaine du village, mettre en valeur le terrain vacant. Quand le sol est épuisé, on se transporte ailleurs. L'occupant d'une terre en est le propriétaire provisoire. Il se produit, depuis quelques années, une évolution chez les indigènes : elle tend à la constitution de la propriété foncière individuelle.

PRODUITS DE L'INDUSTRIE

La partie septentrionale de la colonie est, sous ce rapport, très supérieure à la région forestière. Toutes les industries du Soudan français y sont représentées.

Les tisserands trouvent une matière première abondante dans le coton indigène. Ils le tissent en bandes de 10 à 14 centimètres de largeur. La teinture est une industrie liée au tissage et très prospère.

Les cordonniers indigènes utilisent et teignent les cuirs des animaux domestiques.

Les potiers sont adroits.

Les forgerons ne fabriquent pas seulement les outils de travail indigène : ils peuvent copier des modèles, exécuter des ouvrages assez fins (telle une batterie de fusil). Les menuisiers ont l'expérience de leur état.

Quelques bijoutiers travaillent l'or.

Industrie Extractive

Il a été exporté en 1916 : 62 kilos 131 d'or. L'extraction totale est inconnue.

Les exploitations européennes ne sont pas encore entrées dans une phase active. Les exploitations indigènes sont des plus primitives : les terres extraites des alluvions à l'aide de puits sont lavées à la battée. L'extraction des terres se fait en saison sèche de la façon suivante. Les indigènes creusent une ligne de puits espacés de quelques mètres. Arrivés à la couche payante, ces puits sont agrandis et puis rejoints entre eux, de manière à former une espèce de tunnel. Les terres, une fois extraites, sont mises en tas et lavées pendant la saison des pluies. Les indigènes abandonnent peu à peu cette industrie qui est peu rémunératrice. Elle ne rapporporte, en effet, en moyenne, que 1 franc à 1 fr. 10 par tête, par jour de travail.

Industries diverses

Il faut signaler l'*éclairage électrique* à Bingerville, les *huileries*, dont il a été question à propos de la fabrication de l'huile de palme, et une *briqueterie*, près de Grand-Bassam.

COMMERCE

Le commerce de la colonie est en période de croissance et de réorganisation. L'arrivée de la voie ferrée à Bouaké, au milieu du Baoulé, c'est-à-dire la région où la population de la Côte d'Ivoire est la plus dense, a déterminé un déplacement des anciennes voies commerciales qui se dirigent de l'intérieur vers la côte, avec retour de la côte vers l'intérieur. Seuls, le Comoë, et, surtout, le Sassandra, continueront à servir de voie d'écoulement aux produits forestiers. Les autres objets de commerce subiront graduellement l'attraction de la voie ferrée. Au moment où les anciens courants commerciaux voient décroître leur importance, les routes carrossables nouvelles, qui se greffent sur la voie ferrée, permettent le développement de transactions plus nombreuses appliquées à un nombre plus considérable de matières premières ou de produits fabriqués.

Commerce intérieur

Le commerce intérieur porte aussi bien sur les produits de consommation directe de l'indigène que sur les produits destinés à l'exportation.

Produits de consommation intérieure. — Parmi les produits de consommation intérieure, les céréales et les tubercules : mil, maïs, riz, igname rayonnent au delà de la limite des cercles du nord vers le Baoulé et les régions du sud. Ce commerce s'accroîtra dès que le prolongement du chemin de fer permettra les transports.

Les kolas proviennent surtout de la partie méridionale du cercle des Tagouanas, des cercles de Bondoukou, de Touba et de l'Ouorodougon. Ces kolas sont blancs, roses ou jaunes. Les kolas rouges viennent du pays achanti.

Le beurre de karité est récolté surtout dans la partie nord de la colonie, dans les cercles d'Odienné et de Kong, dans la région de Bouna. Il forme la matière d'un trafic important vers la partie sud de la région des savanes.

Le cotonnier alimente l'industrie indigène des tisserands dans les cercles précédemment dénommés, où il occupe des surfaces considérables ; dans le Baoulé, dans le cercle du N'Zi-Comoë, il est cultivé en vue de l'exportation.

Produits d'exportation. — Le caoutchouc est récolté dans les cercles de Bondoukou (partie sud) de l'Indénié, N'Zi-Comoë, Gouros, Haut-Sassandra, Touba.

L'huile de palme et les palmistes (amandes de palme), le coprah proviennent des cercles côtiers.

Le kapok est récolté surtout dans le cercle de Kong. Le café provient de la région des lagunes. Il en est de même du cacao, dont les plantations s'étendent dans la vallée du Comoë jusqu'au sud de Bondoukou.

La noix de kola, déjà citée, entre, elle aussi, dans la catégorie des produits d'exportation.

L'ivoire vient des cercles du nord et de la Grande-Forêt.

MARCHÉS, BAZARS, CARAVANES

Dans toute agglomération ou gîte d'étapes un peu important, un petit marché journalier, tenu dans la matinée, permet le ravitaillement. Chaque semaine, un marché plus considérable donne lieu à des transactions importantes. Les indigènes y viennent vendre et échanger les produits de la forêt ou des cultures contre des objets de nécessité première : sel, pagnes, nattes, arachides, poteries, outils, couvertures, pétrole, tissus, mouchoirs. Ils laissent en échange du bétail, de la volaille, du caoutchouc, du riz, du maïs, du coton, du kapok, du karité, des kolas, des peaux de bœufs, de l'ivoire.

Les principaux marchés sont ceux de Bondoukou, Dabakala, Bouaké, Kong, Korhogo, Mankono, Séguéla, Touba, Guanankala, Boundiali, au nord de la forêt. A l'intérieur de la forêt : Aboisso, Dimbokro, Tiassalé, Daloa, Agboville ; sur la côte et les lagunes : Tabou, Béréby, San-Pedro, Sassandra, Grand-Drewin, Fresco, Grand-Lahou, Dabou, Abidjean, Bingerville, Alépé, Grand-Bassam, Assinie.

Une série de maisons de commerce ont établi des succursales dans les principaux centres. Elles y débitent des produits d'importation et y concentrent les marchandises destinées à être exportées.

Les courants commerciaux principaux vont de la côte vers l'intérieur et réciproquement. Ils sont cependant soumis à des déplacements de détail, mais parfois dignes d'observation et qui sont en relation avec la construction de la voie ferrée, ainsi qu'avec l'ouverture de routes nouvelles.

Exemple : la route de Tiassalé à la mer, autrefois exutoire naturel de l'intérieur, est presque entièrement abandonnée. Il en va de même de la route de Bondoukou à Zaranou. Le chemin de fer les a détrônées toutes les deux.

La route de Bondoukou à Gaoua a, elle aussi, perdu de son importance. Par contre, la voie de Bonkoudou à Coomassie (Gold Coast) continue d'être fréquentée.

Les routes de Bouaké vers les cercles du Lobi et de Diedougou (Haut-Sénégal-Niger) voient leur trafic se développer considérablement. Il en est de même des relations qui se sont nouées entre Bouaké et Beyla (Guinée) et Bobo-Dioulasso (Haut-Sénégal-Niger).

CARAVANES DE :	APPORTENT	REMPORTENT
Beyla	Caoutchouc.	Produits d'importation.
Bobo-Dioulasso. . .	Poissons secs, haches, dabas, caoutchouc.	Produits d'importation ; kolas, or, barres de fer, cuivre, tissus, sel, fils, pétrole, etc.
Diedougou-Gaoua.. .	Bœufs, moutons, karité, pagnes, cotonnades indigènes du Mossi.	Produits d'importation; perles, fils, tissus, or, sel, kolas, etc.
Coomassie	Bœufs, moutons, karité, pagnes, arachides, nattes.	Produits d'importation ; fils, tissus, pagnes, pétrole, sels, kolas, allumettes, etc.

AIRE DE VENTE DES KOLAS

On classe les kolas en plusieurs variétés : les jaunes, blanches, roses et rouges. Les jaunes, blanches et roses proviennent du petit kolatier, le fruit en est plus petit et de conservation plus difficile. Il doit être consommé sur place ou dans une région rapprochée. La kola rouge, au contraire, vient d'un arbuste plus fort. Le fruit en est plus gros, la conservation plus facile, et les indigènes l'apprécient davantage. La colonie produit toutes les variétés ; néanmoins, elle sert de lieu de transit à une assez forte quantité de kolas rouges importée de l'Achanti, qui est leur habitat préféré.

On délimite assez exactement les zones de consommation de ce fruit par une ligne qui part de Bondoukou, passe par Bouna (Côte d'Ivoire), Bobo-Dioulasso (Haut-Sénégal-Niger) et aboutit à Ségou, sur le Niger. La zone occidentale consomme plutôt la kola blanche ; les zones orientales et septentrionales la kola rouge.

Cette dernière se vend jusque sur le marché de Tombouctou. Les frais de transport, à une pareille distance, triplent la valeur de cette marchandise. Elle vaut de 1 fr. 25 à 1 fr. 75 dans la Côte d'Ivoire, elle se vend 3 fr. 50 à 4 francs le kilo à Tombouctou.

Commerce extérieur

En 1916 :

Importations	11.579.866	francs
Exportations	10.955.610	—
Commerce total.	22.535.476	francs

IMPORTATIONS

PRINCIPAUX ARTICLES	POIDS	VALEUR EN FRANCS
Tissus de coton	298.110 kgs	2.554.541
Savon ordinaire	436.151 »	379.713
Riz	962.010 »	475.488
Farine de froment	250.049 »	148.486
Sel marin	2.899.448 »	173.934
Tabac et cigarettes	329.146 »	595.799
Lingerie et vêtements	16.609 »	230.446
Sucre raffiné	130.937 »	137.774
Machines et mécanique	88.247 »	201.291
Sacs neufs	206.753 »	264.025
Huile de pétrole	393.410 »	115.587
Boissons distillées	3.078 hectos	280.311
Vins	1.147 fûts	197.025

EXPORTATIONS

PRINCIPAUX ARTICLES	POIDS	VALEUR EN FRANCS
Huile et amandes de palme	14.906.248 kgs	6.558.772
Caoutchouc	337.989 »	1.947.335
Acajou en billes	8.133.964 »	874.807
Or (lingots et poudre)	62 » 131 gr	186.393
Peaux brutes de bœufs	108.503 »	194.571
Défenses d'éléphants entières	4 146 »	66.336
Kolas fraîches	83.364 »	137.021
Cacao en fèves	186.441 »	279.551
Piments	84.195 »	101.030
Coton, laine, autres	332.934 »	68.524
Poissons secs, fumés	71.667 »	53.796
Kapoks bruts	23.969 »	5.992
Café indigène en fèves	40.271 »	79.755

A titre documentaire, le premier semestre 1917 a présenté les variations suivantes :

Exportations.	5.170.811
Importations.	5.777.870

Le déficit causé par la guerre, tant au point de vue des importations que — par contre-coup — des exportations, a été, en 1914, des plus graves ; l'année 1915 a été plus mauvaise encore ; en 1916, le relèvement a commencé.

	1913	1914	1915	1916
	—	—	—	—
Importations	18.154.499	11.385.669	7.161.765	11.579.866
Exportations	16.401.815	8.565.021	7.178.998	10.955.610

Par rapport à l'année 1913, dernière année normale, on constate, en 1916, les différences suivantes :

Aux importations. — Les plus fortes diminutions portent sur les produits fabriqués : tissus, fils, métaux et machines, etc. La raison en est, d'une part, la diminution de la faculté d'achat de l'indigène; d'autre part, l'interruption des grands travaux d'aménagement de la colonie. Les produits alimentaires ont subi, les uns, un déchet très marqué, surtout le riz, destiné à alimenter les ouvriers employés aux travaux de la voie ferrée, et le froment, un certain nombre d'Européens civils ou militaires ayant quitté la colonie.

Plusieurs articles échappent à l'analyse, ainsi le commerce du bétail, en provenance du Haut-Sénégal-Niger, ne figure pas dans les statistiques. Il donne lieu cependant à un trafic sérieux, puisqu'en 1912 l'administration du cercle de Kong signalait le passage dans le cercle de plus de 6.000 bœufs et 4.000 moutons. Le prix du bœuf étant évalué aux environs de 100 francs, le mouton à 20 francs, c'est un total important qui échappe à la statistique. En 1913, à Dabakala,

3.000 têtes de bétail avaient transité pendant le premier trimestre de l'année, et ce ne sont là que des résultats fragmentaires.

Aux exportations. — L'exportation la plus atteinte a été le commerce des bois. Il est tombé de 42.651 tonnes (payées 5.012.868 francs) à 8.133 tonnes (payées 874.807 francs).

Les huiles de palme, les amandes de palme gagnent, par contre, la première 900 tonnes, les secondes 1 millier avec des prix plus rémunérateurs pour les huiles, un peu inférieurs pour les amandes.

Le caoutchouc passe de 962 tonnes payées 4.683.000 francs à 337 tonnes payées 1.945.335 francs. (En 1915, seulement 136 tonnes).

L'ivoire perd près de 100.000 francs.

Les peaux et dépouilles d'animaux font plus que doubler.

Le kapok passe de 2 à 23 tonnes. Le coton de 18 à 333 tonnes. Le café de 10 à 40 tonnes. Le cacao de 47 à 187 tonnes. Les sorties contrôlées de kolas de 24 à 83 tonnes.

La statistique du bétail exporté manque. En 1913, cette exportation montait à 5.078 bœufs, 1.006 moutons et divers, pour une somme totale de 682.240 francs.

Les statistiques de la colonie anglaise de la Gold Coast paraissent mieux informées. Elles ont évalué l'importation du bétail sorti des colonies françaises, à environ 17.000 têtes venant de la Côte d'Ivoire, pour cette même année 1913.

La statistique des kolas est, de l'aveu de l'Administration, notoirement incomplète. Elle s'élevait pour l'exportation, par voie de mer seulement, à destination du Sénégal :

En 1913 . . . . . 85.123 kilos.
En 1914 . . . . . 149.377 kilos.

En 1913, les exportations totales avaient dépassé 672 tonnes, dont 378 pour le Haut-Sénégal-Niger, représentant ainsi un commerce d'un million de francs qui ne figure pas dans les statistiques.

Les statistiques de la Gold Coast confirment l'importance des exportations de la kola achanti à destination de Bondoukou, (en transit), et de la colonie du Haut-Sénégal-Niger.

Les chiffres d'importations et d'exportations ci-dessus produits sont établis d'après les renseignements provisoires fournis par l'Office des Colonies. Il n'est pas possible d'indiquer les marchés, les routes, les pays d'origine. Cependant, si l'on se reporte à la situation connue de 1913, il est loisible de faire remarquer que, en 1913, l'Allemagne a absorbé 184 tonnes d'huile de palme, 5.069 de palmistes (amandes de palme) (marché passé en France, en Angleterre), 5.901 tonnes d'acajou. Cette exportation est supprimée.

Au point de vue de l'importation, l'Allemagne fournissait la plus grande partie des alcools et des boissons distillées, une forte proportion des métaux, des tissus, des farineux alimentaires.

L'Angleterre fournissait près des trois quarts des tissus et fils.

Les Etats-Unis commencent à prendre une place importante sur les marchés et ports de la Côte Occidentale d'Afrique.

En 1916 :

La part du commerce français a été de 11.248.953 ou 50 pour 100.

Celle du commerce étranger de 11.286.523 ou 50 pour 100.

Il existe une Chambre de Commerce à Grand-Bassam.

CIRCULATION MONETAIRE

La Banque de l'Afrique Occidentale a une succursale à Grand-Bassam. La Banque de Nigéria a aussi une agence à Grand-Bassam.

1° La Banque de l'Afrique Occidentale a émis des séries de billets de banque d'une valeur de : 1.000, 500, 100, 50, 25 et 5 francs. Les monnaies d'argent divisionnaires françaises servent partout aux transactions depuis peu d'années. Aux abords de la colonie de la Gold Coast circulent aussi des monnaies anglaises, particulièrement dans le nord-est de la colonie, en raison de l'important trafic de bétail en ces régions. Les caravanes revenant de la colonie anglaise rapportent dans la colonie en moyenne 70 pour 100 du prix de leurs ventes en or anglais. Elles l'échangent aux portes frontières contre des écus français.

HISTOIRE
ET ORGANISATION POLITIQUE

RELIGION

L'élément musulman compte à peine 90.000 individus. Ils appartiennent, pour la plupart, à la famille Mandé, pour une faible part, à la famille Sénoufos et aux Koulangos de la famille Voltaïque. Les principaux centres musulmans sont Kong et Bondoukou.

Le reste des indigènes de la colonie est animiste (fétichiste).

Les chrétiens sont peu nombreux.

HISTOIRE

On sait peu de chose du passé de la Côte d'Ivoire jusque dans les temps modernes. Il faut aller glaner, de ci, de là, quelques renseignements et traditions pour lui reconstituer un passé.

Les premiers étrangers qui sont venus s'établir dans le nord de la colonie semblent avoir été les Mandés-Dioula. Ils se sont établis à Kong et à Bondoukou, au dix-septième siècle. De là, ils ont lentement fait tache d'huile sans conquête brutale. A partir du milieu du dix-huitième siècle, ils prennent une part active à la direction des affaires du pays. A Kong, pendant deux siècles, le pouvoir a été héréditaire dans la famille des Ouatara. Elle avait fini par succomber sous les coups de Samory.

Le nord-ouest de la colonie dépendait, en dernier lieu, du souverain noir de Sikasso (Haut-Sénégal-Niger). Il a successivement appartenu aux différents empires nigériens.

Les migrations qui ont amené dans la colonie les Agnis, les Abrons, les Apolloniens remontent à la fondation de l'empire achanti de Coomassie, au début du dix-huitième siècle. Ces nouveaux venus se sont infiltrés peu à peu jusqu'au Bandama, refoulant ou assimilant les autochtones. Ce sont eux qui ont rejeté les Sénoufos au nord, les Gouros à l'ouest, au delà de Bandama. Les différentes tribus d'origine achanti (on en compte 14), élisaient chacune leur chef. Elles étaient indépendantes les unes des autres. Les chefs ou rois étaient généralement tirés des familles qui avaient originairement commandé les groupes des envahisseurs.

Les premiers comptoirs européens furent fondés sur la côte par des marins normands de 1380 à 1388. Puis ils furent délaissés, et il n'en reste que le souvenir, car les archives qui les concernent ont péri, au dix-septième siècle, dans le bombardement de Dieppe.

Le contact a été repris par les Français en 1701. Un fort fut alors fondé à Assinie. On l'abandonna en 1704.

L'existence de la colonie actuelle remonte à 1842, aux traités passés par l'amiral Bouët-Willaumez avec les souverains indigènes. Ces chefs reconnurent la souveraineté de la France sur la région d'Assinie et celle de Grand-Bassam. Des comptoirs furent fondés en 1850 à Grand-Bassam et Assinie pour être à nouveau évacués en 1871. M. Verdier resta alors le représentant de la France. Il fut nommé résident en 1878.

A partir de ce moment, les dates en relief de l'histoire de la Côte d'Ivoire sont la visite faite en 1882, par Treich-

Laplène à l'Artié, à l'Indénié, au Bondoukou. En 1888, le traité Treich-Laplène avec le Bondoukou. De 1889 à 1892, la succession des missions Arago, Ménard, Quiquerez, Marchand. A la même date, la reconnaissance de la frontière franco-anglaise par la collaboration de Binger et du Major Sang. En 1893, la Colonie reçoit sa première véritable organisation. Guanankala est pris par le Colonel Combes, venant du Soudan français. Mais, à la même minute, Samory envahit le nord de la Colonie. Il s'y maintient et la ravage jusqu'à ce qu'en 1898 il soit capturé, à Guélémou, par un sergent sous les ordres du capitaine Gouraud, le sous-officier Bratières. En 1899 la région de Kong qui, jusque là, avait fait partie du deuxième territoire militaire du Soudan, est rattachée à la Côte d'Ivoire. De 1901 à 1903, la mission Delafosse-Weatherston travaille à délimiter les frontières communes à la Côte d'Ivoire et à la Gold Coast. De 1909 à 1914, de nombreuses expéditions de police s'occupent à mâter des soulèvements. L'origine et la fréquence de ces mouvements décident le Gouvernement français à retirer des mains indigènes les armes de traite qui, depuis longtemps, forment un article important du commerce. Du 1er octobre 1914 au 30 avril 1915, près de 113.000 fusils sont détruits. Par cette mesure, la sécurité de la Colonie est assurée.

Histoire diplomatique

La Côte d'Ivoire constitue une colonie qui a été conquise. Il a fallu soumettre ici les tribus une à une. La conquête pacifique tentée d'abord est apparue comme une erreur. En 1908, on s'est trouvé dans l'obligation de reprendre l'ouvrage à pied d'œuvre pour assurer la sécurité aux indigènes soumis et aux Européens résidents.

La question de la frontière nord de la colonie a été réglée lors de sa création en 1893. Cette frontière a subi un remaniement en 1902. Une partie de la deuxième Région Militaire du Soudan a été attribuée à la Côte d'Ivoire.

La frontière libérienne a fait l'objet de deux traités : l'un, signé en 1892, a été ultérieurement reconnu inapplicable ; le second date du 18 septembre 1906. Il fait coïncider la frontière avec le mouvement des grandes lignes hydrographiques du pays.

La frontière franco-anglaise, entre la Gold Coast et la Côte d'Ivoire, a été l'objet d'un accord conclu en 1893. Elle a été tracée de 1901 à 1903, par la Commission de délimitation Delafosse-Weatherstone.

Au point de vue intérieur, plusieurs chefs ou roitelets indigènes ont, par délégation du Gouvernement de la colonie, conservé une certaine autorité. Ailleurs, ce sont les chefs de canton désignés par l'autorité qui sont responsables de leurs administrés.

Histoire économique

La colonie fait partie des territoires soumis au régime de la convention franco-anglaise du 14 juin 1898. Par l'article 9, l'égalité du traitement, au point de vue personnel et commercial, est appliquée aux sujets des deux puissances.

Par cette convention, l'exemption totale des droits frappant l'huile de palme et les bois, la demi-exemption touchant les cafés et les cacaos est instituée à l'entrée dans la Métropole.

A l'entrée dans la colonie, les marchandises sont soumises aux droits résultant des décrets des : 14 avril 1905 ; 10 mars, 2 mai 1906 ; 31 janvier 1907 ; 11 avril 1910 ; 7 septembre 1911 ; 2 août 1912 ; 3 mars 1914 ; 4 avril 1915.

ORGANISATION POLITIQUE

Gouvernement

La colonie a pour chef-lieu Bingerville, résidence du Lieutenant-Gouverneur qui, sur le territoire de la colonie, représente le Gouverneur Général de l'Afrique Occidentale Française.

Un secrétaire général, aidé d'un Conseil d'administration, assiste le Lieutenant-Gouverneur.

Divisions administratives

La colonie se divise en 19 cercles :

CERCLE	CHEF-LIEU	POSTES
1. Des Lagunes. . . .	Abidjean.	Alépé, Bingerville, Dabou.
2. Grand-Bassam. . .	Grand-Bassam.	. . . .
3. Assinie	Aboisso.	Assinie.
4. Lahou	Grand-Lahou.	Divo, Fresco, Lakota, Sikisso.
5. Bas-Sassandra. . .	Sassandra.	Soubié.
6. Bas-Cavally.	Tabou.	Grabo, Béréby, San-Pedro, Bliéron.
7. Indénié.	Abengourou.	. . . .
8. N'Zi-Comoë	Dimbokro.	Toumodi, Yamoussoukro, Bongouanon, Ouellé, Bocanda.
9. Baoulé	Bouaké.	Béoumi, Tiébissou, M'Bahiakro.
10. Agnéby.	Agboville.	Tiassalé, Adropé.
11. Bondoukou	Bondoukou.	Bouna.
12. Kong.	Korhogo.	Kong.
13. Ouorodougon . . .	Séguéla.	Mankono.
14. Touba	Man.	Touba, Kouibly.
15. Guanankala	Guanankala.	Boundiali.
16. Des Gouros	Bouaké.	Oumé, Sinfra, Zuénoulo.
17. Des Tagouanas . . .	Dabakala.	Darakalondougon.
18. Haut-Sassandra . .	Daloa.	Vavona, Issia, Gagnoa.
	RÉGION MILITAIRE	
19. Haut-Cavally . . .	Lagoualé.	Danané, Duékoué, Guiglo, Taï-Patokla.

Organisation navale

Au point de vue naval, la colonie dépend du Commandant de la Marine à Dakar.

Organisation militaire

Le 3e régiment de tirailleurs-sénégalais avait, en 1914, sa portion centrale installée à Grand-Lahou. Il était constitué par 11 compagnies stationnées sur divers points du territoire. En 1916, 5 de ces compagnies seulement occupaient encore la Côte d'Ivoire.

La sécurité était assurée par 1.331 garde-cercles, plus leurs cadres, et par la présence d'un certain nombre de gardes-forestiers et de douaniers.

D'octobre 1914 à février 1916, 13.500 indigènes ont été levés et instruits pour les besoins du service militaire, tant en France que dans ses autres colonies.

Finances

Le budget général de la colonie s'est élevé à :

En 1915 :

Revenus . . . . . 5.682.179 francs
Paiements. . . . . 7.396.994 francs

Contre, en 1914 :

Revenus . . . . . 7.193.345 francs

Les revenus escomptés en 1916 montaient à : 6.262.318 fr. Les recensements des 10 premiers mois de cette même année avaient atteint 6.319.928 francs. Ils dépassaient ainsi et largement les prévisions administratives.

DÉCOMPOSITION DES RECETTES	1913	1914	1915
Douanes.	3.405.664	2.003.725	1.231.382
Impôt personnel.	3.844.628	3.954.542	4.088.276
Patentes, licences, taxes, colportage.	290.963	534.504	392.039
Postes, télégraphes, téléphones. . . .	201.284	178.503	139.143

La taxe de capitation indigène a été portée de 5 à 8 francs par tête.

CONCLUSIONS

Les frontières qui font toucher la Côte d'Ivoire à la Gold Coast d'une part, au Haut-Sénégal-Niger de l'autre, échappent, à cause de leur étendue, à une surveillance sérieuse. De ce fait, le nord de la colonie est un lieu d'élection pour la contrebande à destination du Haut-Sénégal-Niger. Elle échappe au régime de la convention précitée.

On constate aussi des frottements gênants sur la frontière libérienne. L'arrière-pays de la République de Libéria est totalement soustrait au contrôle du Gouvernement de ce petit Etat. Il y aurait urgence de régler définitivement la police de ces confins d'où partent des bandes de maraudeurs qui s'introduisent constamment dans la Côte d'Ivoire.

Ainsi qu'en témoignent les renseignements fournis sur la population, la colonie, particulièrement dans le nord, souffre du manque de main-d'œuvre. Les cercles de Kong et de Bondoukou ne disposent, en effet, que 1,5 habitants au kilomètre carré. Or, les régions du Haut-Sénégal-Niger possèdent, dans leurs parties septentrionales, une population infiniment plus dense. Elle varie de 15 à 20 au kilomètre carré. Il importe de faciliter à ces Africains l'accès de la Côte d'Ivoire par un réseau routier. Le chemin de fer projeté qui, dès que les circonstances le permettront, sera prolongé vers Bobo-Dioulasso, apparaît ici comme un instrument efficace. Il facilitera d'abord le commerce de la colonie, et puis il servira au transit de tout une vaste région du Haut-Sénégal-Niger, restée jusqu'à ce jour sans moyens de transport.

La Côte d'Ivoire est entre toutes les colonies françaises de l'Afrique Occidentale, celle qui offre les meilleures promesses d'avenir. Ses produits forestiers sont nombreux et riches. Ses produits de cultures sont susceptibles d'une extension presque illimitée.

Son sous-sol recèle des quantités considérables d'or. Mais toutes ces richesses demandent une mise en œuvre coordonnée, des bras, des capitaux, des chemins de fer.

Il y a vingt ans, le nord de la colonie était encore aux mains de Samory. Il y a dix ans, l'état d'insécurité permanent confinait souvent à la révolte.

Il a fallu des années pour libérer les 100.000 esclaves entraînés dans la forêt par l'armée de Samory, et pour ramener dans la colonie les indigènes réfugiés dans la Gold Coast.

De plus, la colonie a particulièrement souffert de l'état de guerre : en 1915, les recettes des douanes ont diminué de 60 pour 100. L'exportation du principal de ses produits, le bois d'acajou, a été et restera longtemps entravée par l'élévation des frets. C'est une raison pour chercher le développement de la richesse dans l'exportation des produits peu volumineux et chers : caoutchouc, cacao, textiles, matières grasses.

TABLE DES MATIÈRES

Imprimerie Jean Cussac, Paris.

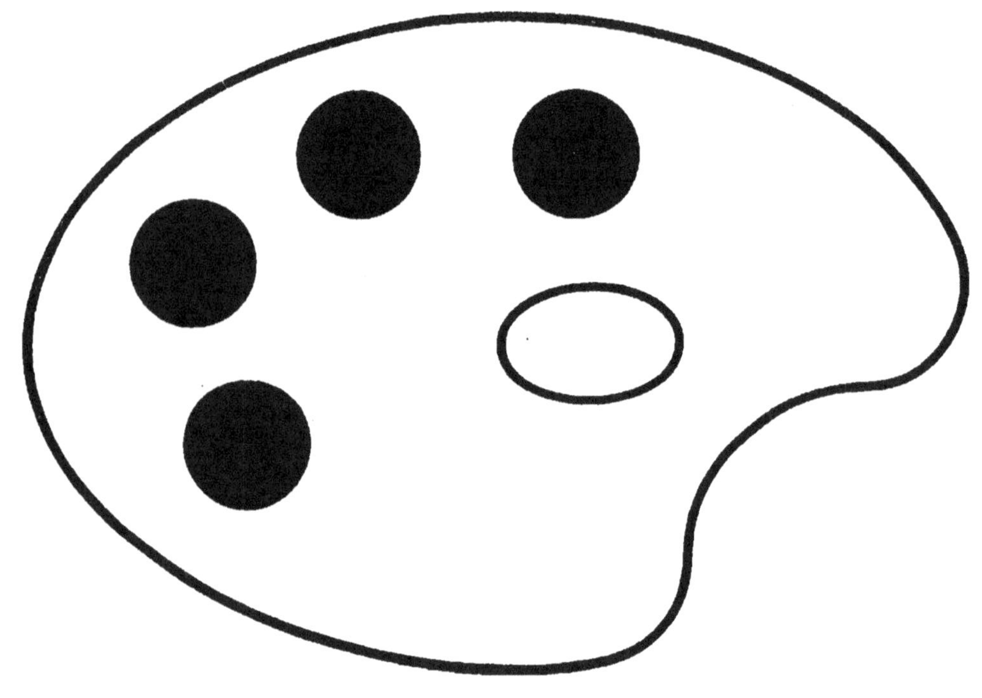

Original en couleur
NF Z 43-120-8

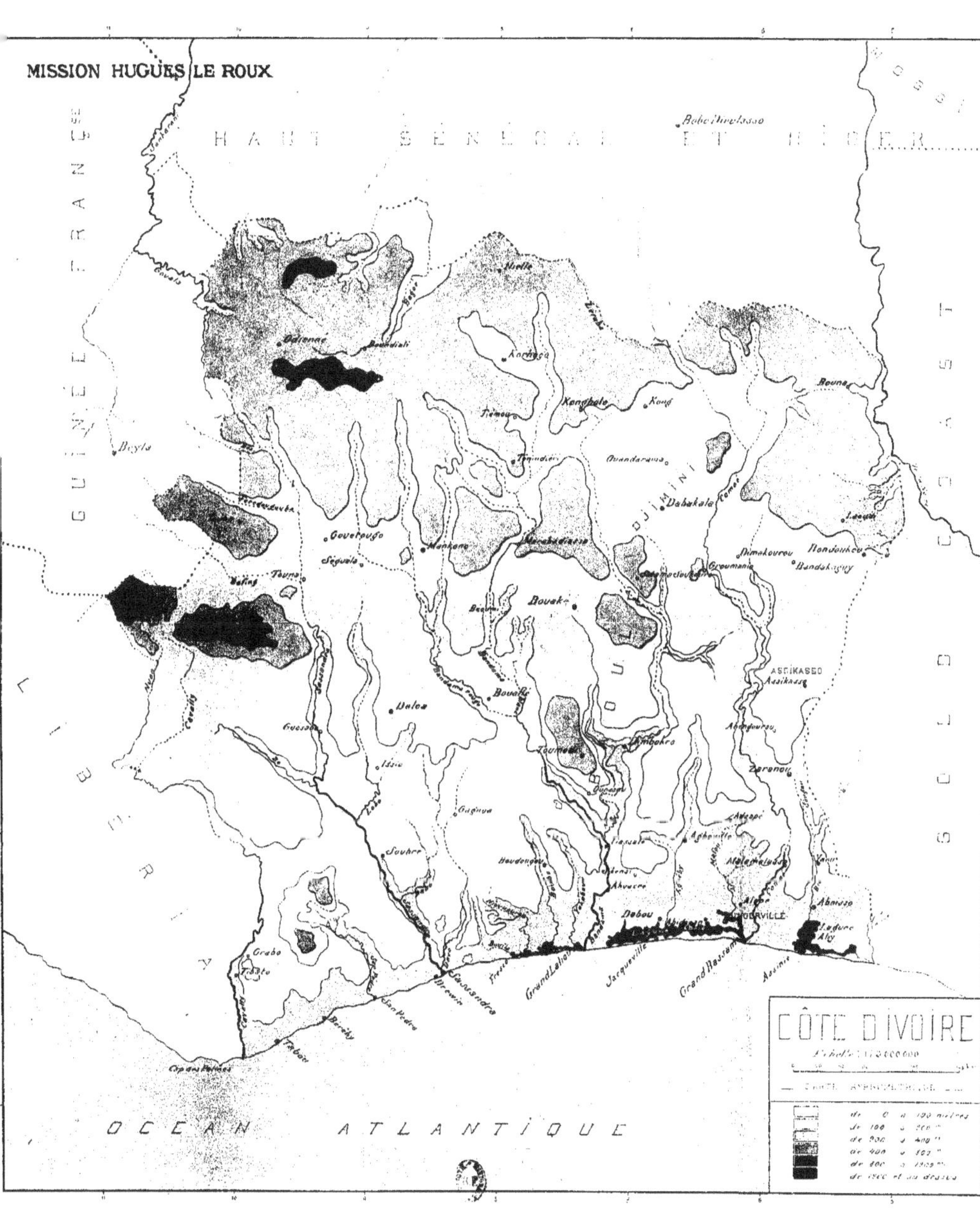
MISSION HUGUES LE ROUX
HAUT SÉNÉGAL ET NIGER
GUINÉE FRANÇAISE
LIBERIA
GOLD COAST
Odienne
Korhogo
Kong
Dabakala
Bondoukou
Seguela
Touba
Bouake
Daloa
Soubre
Toumodi
Debou
Grand Bassam
Assinie
Abnisso
Grabo
Tabou
Cap des Palmes
Assikasso
OCEAN ATLANTIQUE
CÔTE D'IVOIRE

www.ingramcontent.com/pod-product-compliance
Lightning Source LLC
LaVergne TN
LVHW010030230826
846091LV00005B/1661

* 9 7 8 2 0 1 3 6 3 1 4 6 4 *